常勝の営業チームをつくる

セールスマネジメントモデル

Sales Management Model

Tatsuya Yonekura
米倉達哉
シェルパワークス株式会社
代表取締役社長

クロスメディア・パブリッシング

「どうしたらもっと売れるのか」
「この数字で本当に上層部に納得してもらえるのか」
会議の後、1人でパソコンの前に座り、そんな悩みを抱えて考え込む夜はありませんか。

かつて、営業マネジメントといえば、売れる営業パーソンのやり方を間近で見せ、実践を通じて学ばせるのが王道でした。

今はどうでしょうか。リモート商談が当たり前になり、部下の顔を直接見る機会も減りました。頼りにしていたベテラン社員が辞め、新しいメンバーは基本の営業力が身についていない。気づけば、「結局、全部自分でやるしかない」と、孤独な戦いを強いられることも少なくありません。

しかし、営業って本当はもっと魅力的な仕事なんです。それは、これまでにたくさんの修羅場をくぐり抜けてきたあなた自身が、実は一番よく知っているはずです。

「人生の豊かさは、喜怒哀楽の振れ幅の総量である」という考えがあります。そして、営業には数字を追うだけでは語れない、「人を動かし、つながりを築く」という醍醐味があります。

お客様の本音を引き出し、課題に寄り添い、解決策を提供する——その過程の中で、感謝の言葉や信頼を得られたとき、営業パーソンとしての誇りを感じた経験があなたにもきっとあるのではないでしょうか。

実は、営業マネジメントの魅力も同じです。

部下がはじめて大きな商談を成功させたとき、チーム一丸となって成果を出したとき、その瞬間にこそ、営業マネジャーとしての「やりがい」や「楽しさ」が輝きます。

リーダーであるあなたが次に目指すべきは、そんな「営業の魅力」を他者と共有し、成果を生み出せるチームを築くことです。

あなたは、本当に1人で戦う必要があるのでしょうか。

今の時代、営業マネジメントは個人の力だけで回すものではありません。必要なのは、「部下を一人前に育てるしくみ」と「チーム全体を底上げする考え方」です。

そして、あなた自身が営業マネジメントを「孤独な役割」から、「共に成長し、よろこびを分かち合う役割」に変えることができるのです。

はじめに
なぜ営業は属人化してしまうのか

はじめまして、シェルパワークス株式会社の米倉達哉と申します。数ある営業に関する書籍の中から本書を手に取っていただき、誠にありがとうございます。

私たちシェルパワークスは、「日本の営業を元気にする」というミッションを掲げ、〝企業と企業、人と人をつなぐ営業が、人と組織の豊かさを変える〟という世界を目指しています。この使命のもと、数多くの営業チームと関わりながら、常勝の営業組織を生み出すための支援を行ってきました。

営業という仕事には、他の職種にはない独特の〝よろこび〟があります。例えば、次のような瞬間を思い出してみてください。

①目標を達成したときの達成感

②お客様からの感謝の言葉をもらえたときの充実感
③仲間や上司から承認され、信頼を得たときの満足感
④自分の成長を実感したときの自己効力感

特に、2つ目に挙げた「お客様からの感謝を得ること」を目指していけば、結果として目標達成や仲間からの承認、そして成長の実感も手に入ると私は信じています。営業とは、お客様との信頼関係を築き、課題を解決するプロセスを通じてよろこびを得られる、やりがいのある仕事なのです。

しかし、そのよろこびが「個人の経験やスキルに大きく依存する」という特性を持つことが、営業が属人化してしまう根本的な原因でもあります。

営業は「人」が主体となって行う活動です。お客様と信頼関係を築き、課題を解決し、感謝を得る——これらのすべてが「営業パーソンのスキルや経験」に深く依存しているからです。

しかし、属人化が進む営業組織では、次のような課題が浮き彫りになります。

・トップセールスの成功体験が「個人のやり方」にとどまり、チームに共有されない
・メンバーごとに営業プロセスや基準が異なるため、成果が安定しない
・成績上位者に依存しすぎて、他のメンバーが伸び悩む
・デジタルツールの導入が進んでも、使いこなせる人と使えない人の差が大きい

これらの要因によって、営業組織全体の生産性が低下し、「属人的な課題」がさらに深刻化していきます。特に、経験豊富な営業パーソンが退職した場合、そのノウハウが失われ、組織としての競争力が一気に低下するリスクがあります。

属人化を解消するためには、これらの課題を解決し、営業活動を「誰がやっても再現可能なしくみ」に変えることが必要です。

DX化は営業現場に大きな可能性をもたらしました。データ分析ツールや営業支援システム、AIによる予測分析——これらの技術により、従来にはなかった効率化・最適化が実現しています。

その一方、営業が抱える課題も明らかになっています。それは、属人的な要素が多い営業の世界において、ツールやデジタル化が先行すると、むしろ属人化が加速してしまうことです。なぜなら、デジタルツールはそれを使う人のスキルや知識に大きく依存するからです。

例えば、トップセールスが高度なツールを使いこなしていても、それが具体的な基準やしくみとしてチーム全体に共有されていなければ、組織全体には広がりません。その結果、ツールの導入が進んでも、チーム全体の生産性は思ったほど向上しない――このような現象が多くの現場で見られています。

では、DXを正しく営業マネジメントに活かし、属人的な課題を解決するには、どうすればよいのでしょうか。そのカギとなるのが、次の3つの観点です。

1つ目は、**営業を体系化してマネジメントする**ことです。営業活動を「誰がやっても再現性のあるしくみ」として整理し、デジタルツールと融合させる必要があります。これにより、個々の属人的な営業スキルに依存するのではなく、チーム全体が同じプロセスで動ける状態を作ることができます。

2つ目は、**成果を生む基準を明確にする**ことです。体系化されたプロセスを基に、「何を、どこまでをやり切るべきか」を具体的に定義し、チーム全員が同じ基準で成果を追求できる状態を構築します。この基準を共有することで、営業活動における目標や成功の形がより明確になります。

そして3つ目は、**しくみを通じて文化を醸成する**ことです。

体系化されたプロセスと明確な基準を、実行に移しやすくするしくみを整備し、日常的に活用することで、チーム全体が成果を出すための行動を自然と習慣化できます。

例えば、データ分析ツールや営業支援システムを使った進捗管理や、定期的な振り返りのミーティングを通じて、成果を可視化し共有する場を設けることが効果的です。

このしくみを継続して活用することで、組織全体で「学び合い、成長し続ける」という姿勢が根づいていきます。やがて、これが「文化」として定着し、営業活動の属人化が解消され、チーム全体が一体となって成果を最大化できる組織へと進化していくのです。

このように、営業を体系化し、基準を明確にし、さらにしくみを整備して文化へと昇華させることで、営業組織は個人のスキルに依存せず、持続的な成果を生み出すことが可能になります。

これら3つの観点を整備することで、DX化による恩恵を最大化し、チーム全体の力を底上げすることが可能になります。

「みんなが売れ続ける営業組織を、どうやって創ればいいのだろうか」

そんな悩みを抱える営業組織のマネジャーやリーダーに向けて、本書『セールスマネジメントモデル』のノウハウを紹介するために、本書を書かせていただきました。

『セールスマネジメントモデル』の流れ

本書では7つの章に分けて、7つのマネジメントモデルを解説します。

- ビジョンマネジメント（第7章）
- 戦略マネジメント（第5章）

・市場マネジメント（第4章）
・組織マネジメント（第6章）
・プロセスマネジメント（第1章）
・顧客マネジメント（第2章）
・人材マネジメント（第3章）

セールスマネジメントモデルを実践する際に、大きな流れとしては「ビジョンマネジメント」「戦略マネジメント」という順番に沿って進めていくことが一般的です。

しかし、本書では営業マネジャーになったばかりの方や、営業をもっと俯瞰して捉えたいリーダークラスの方も読者として想定し、あえて営業パーソンの視点からでも理解がしやすい順番で解説していくことにしています。あらかじめご承知おきください。

また、各章には「インサイト」と記した箇所が出てきます。これらは私たちが、多くの営業組織を見てきた中で、一般的に捉えられがちな考え方・視点に対して、新たな気づきとして確認いただきたいポイントになります。

営業は、どのような環境変化に直面しても、常に成果を求められる厳しい世界です。

そんな世界でやりがいを持って仕事に取り組み、メンバー1人ひとりが同じ目標に向かって活動するためには、「行動すれば誰もが成果を出せるマネジメント体系」が営業組織を成功に導くカギになります。

次のページに入れた見開き図が、「セールスマネジメントモデルの全体像」になります。読み進めながら、自分がこれから何を軸にチームを導いていくのか、その都度振り返ってみてください。

本書を通して、日本に1社でも多くの「よろこび」を感じ続けられる営業チームが増えることを願っています。

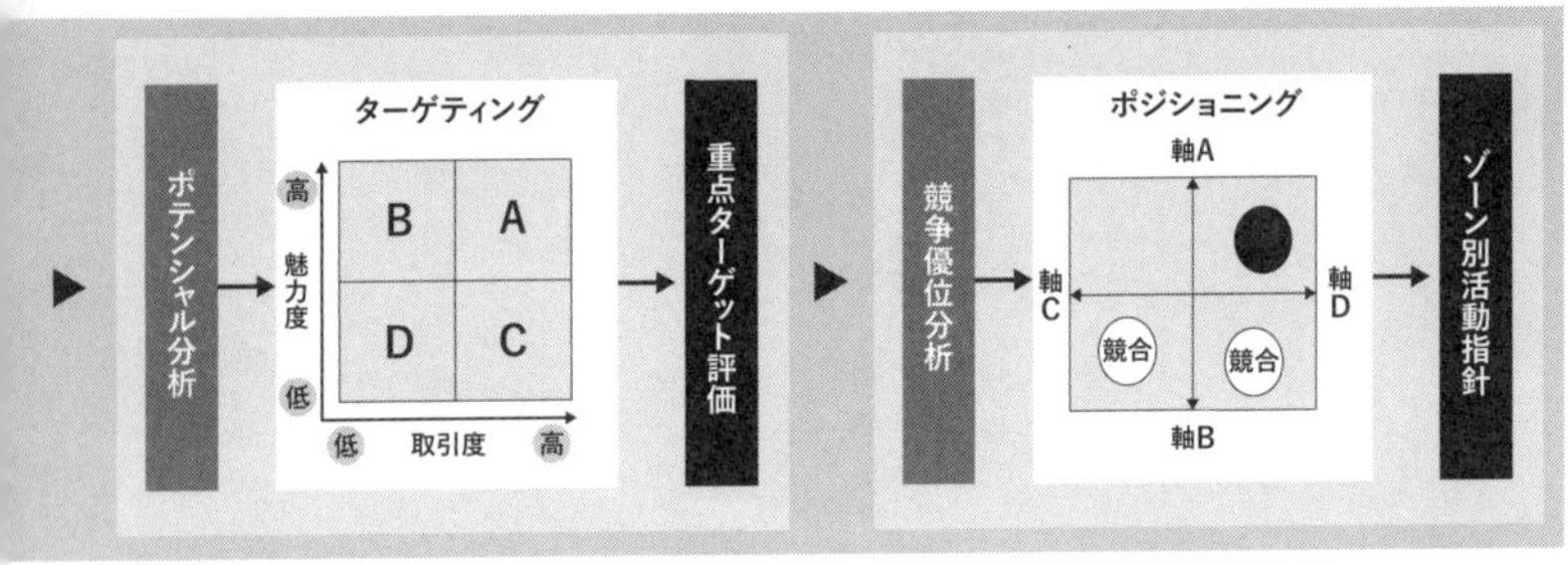

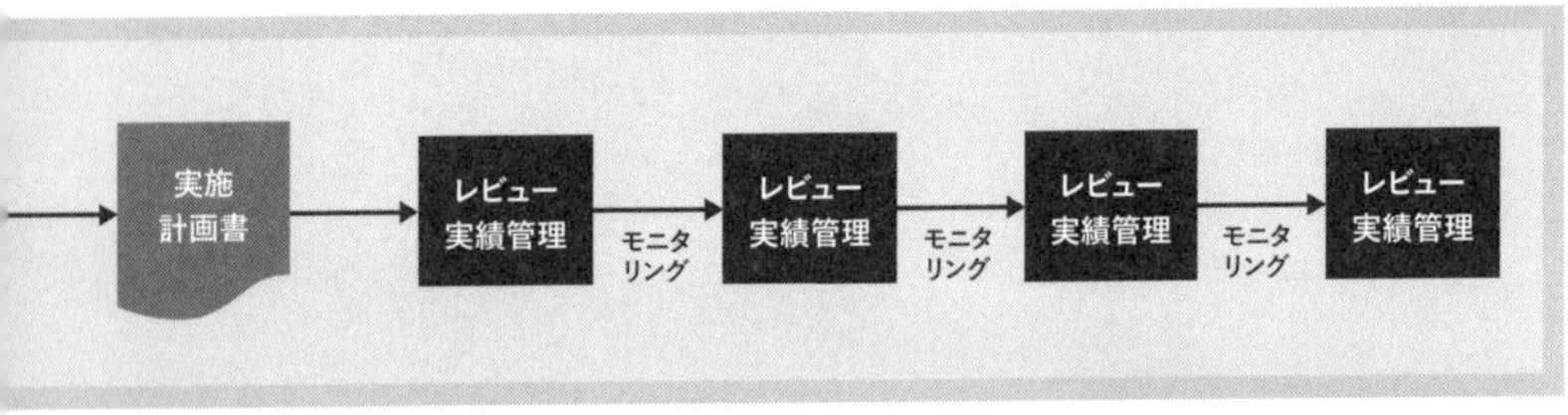

組織

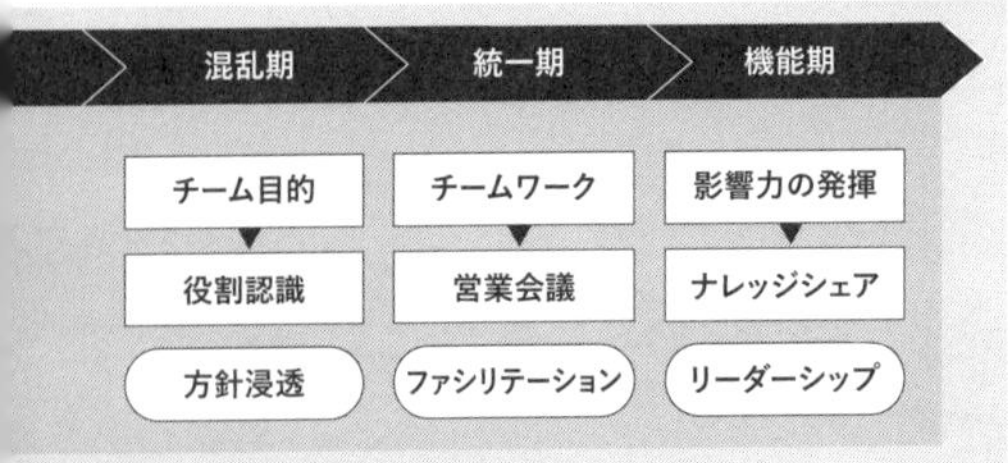

顧客

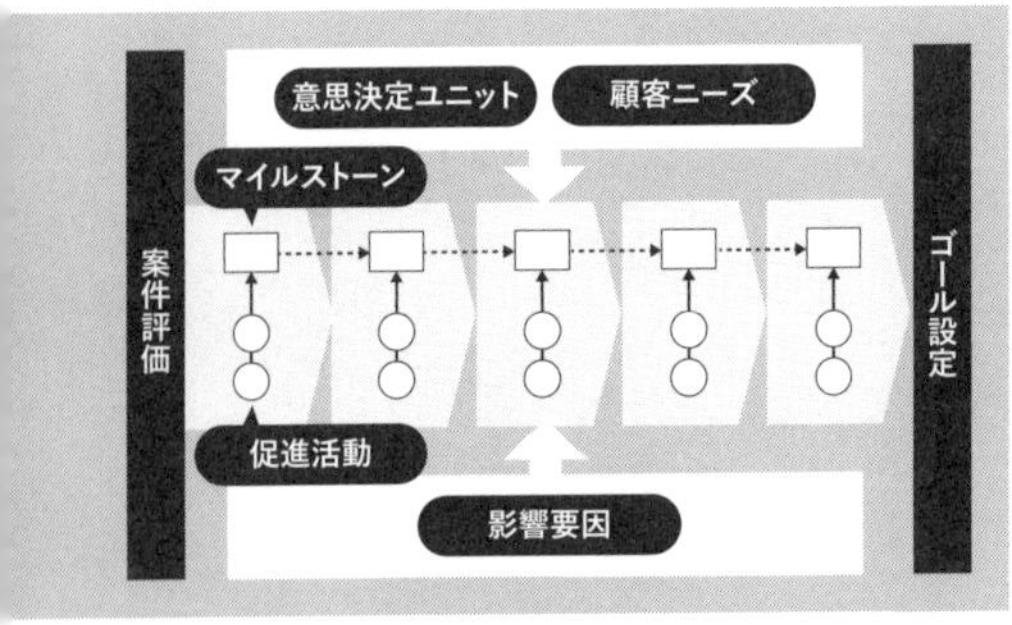

People 人材

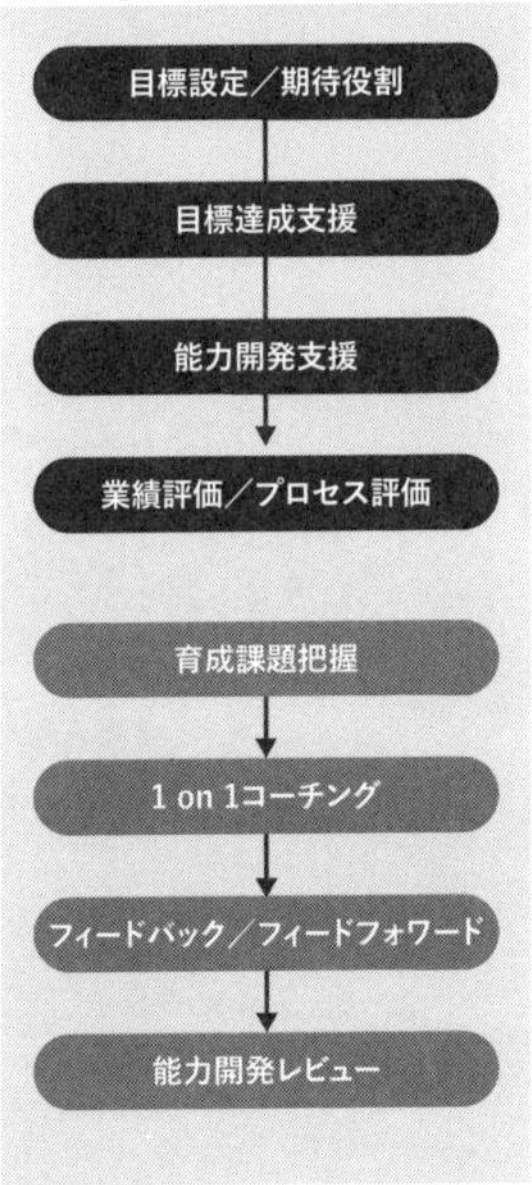

営業マネジメントの体系

Vision ビジョン

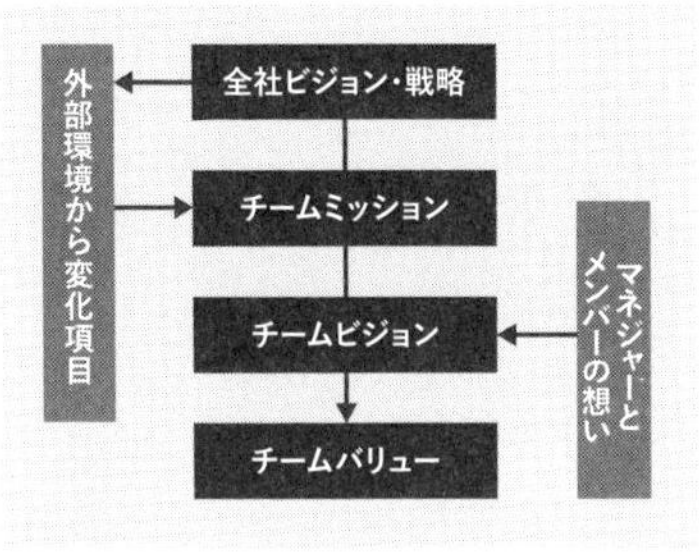

Market 市場

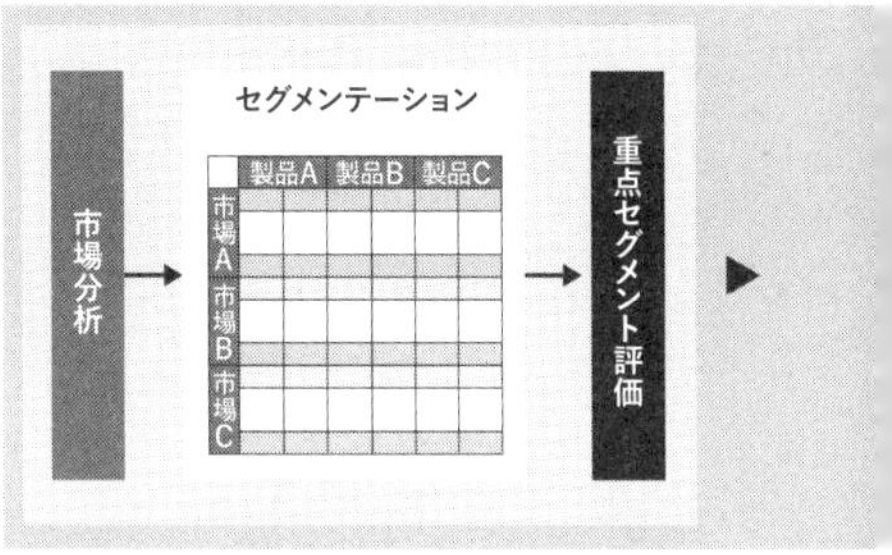

Strategy 戦略

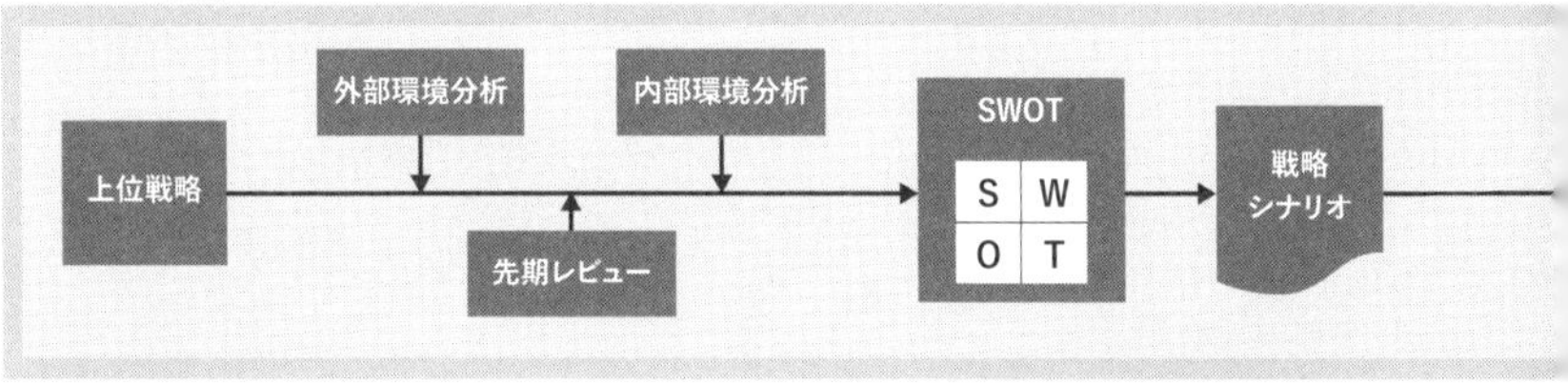

Process プロセス

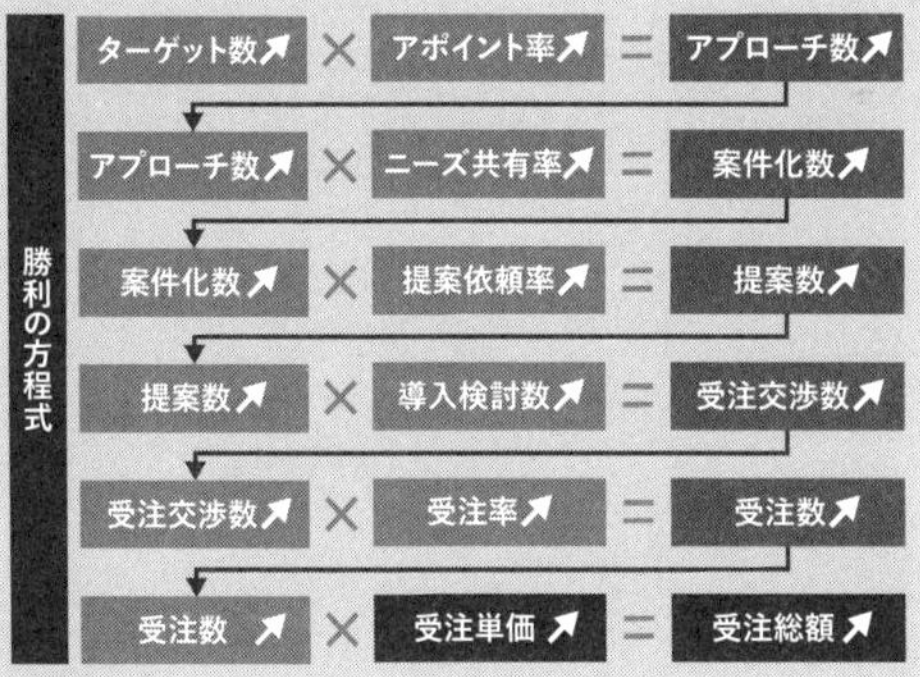

フェーズ	アプローチ	案件化	提案	受注交渉	受注
顧客期待	•………… •………… •…………	•………… •………… •…………	•………… •………… •…………	•………… •………… •…………	•………… •………… •…………
キーアクション	•仮説立案 •情報収集 •………… •…………	•課題形成 •ニーズ共有 •………… •…………	•包括提案 •合意形成支援 •………… •…………	•情報の共有 •クロージング •………… •…………	•経過把握 •個別フォロー •………… •…………

Organization

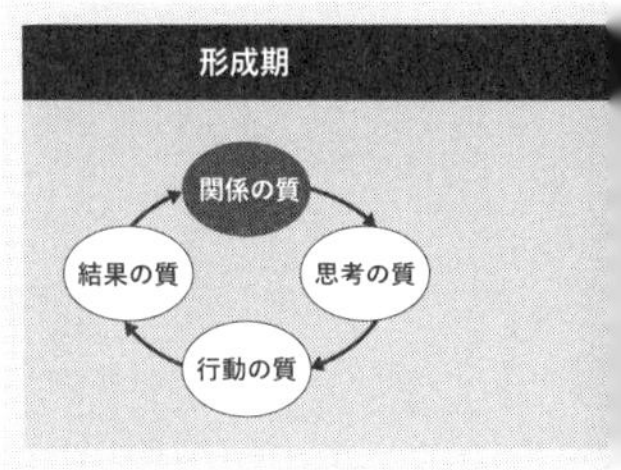

Account

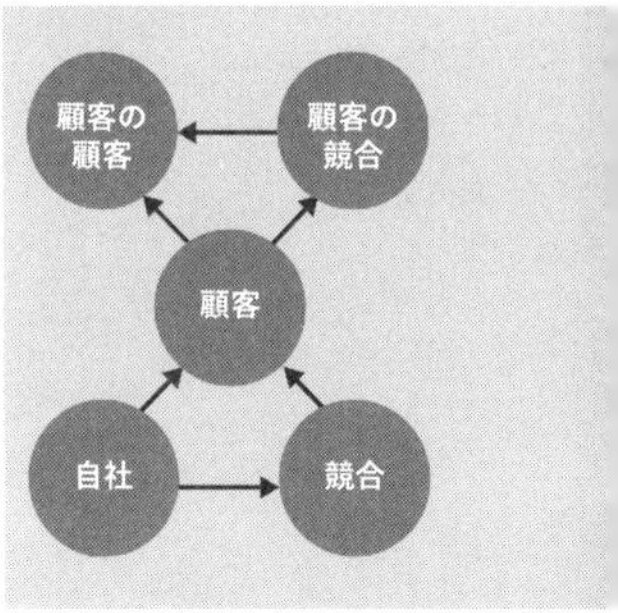

第1章 プロセスマネジメント

contents

第2章 顧客マネジメント

第3章

人材マネジメント

contents

第4章 市場マネジメント

第5章

戦略マネジメント

contents

第6章 組織マネジメント

第7章 ビジョンマネジメント

第1章 プロセスマネジメント

結果とプロセスは優劣つけられるものではない。結果が大事というのは、この世界でこれなくしてはいけない、野球を続けるのに必要だから。プロセスが必要なのは野球選手としてではなく、人間を作る上で必要と思う。

イチロー（元メジャーリーガー）

なぜ「プロセスマネジメント」が必要なのか

本書で紹介する7つのマネジメントモデルのうち、はじめに着手するのは営業活動における「プロセス」のマネジメントです。

言うまでもなく、あらゆる結果を生み出すにはプロセスが欠かせません。なぜなら営業活動は、**「お客様と自社の成功に向けて、お客様とともにプロセスを前に進める活動」**と言えるからです。

営業活動において、営業担当者の役割は「営業プロセスを進展させること」であり、マネジャーはその活動プロセスが適切に進捗しているかどうかをマネジメントします。しかし、私たちが日々接するお客様からは、次のような悲痛の声を聞くことがあります。

営業トップの声

「うちのマネジャーは、メンバーに対して『売上を上げろ』『そのために訪問量を上げろ』と言っているけれど、その間のプロセスの話がほとんど出てこない」

「うちの営業マネジャーから報告される着地見込みが、いつも期末に大きく下方修正され、目標達成に対して手遅れになるケースが多い」

営業マネジャーの声

「チーム会議で担当者から『今期中に計上できるはず』と報告を受けて期待していたのに、結果的に見込み通りにならない」

「プロセスを見ると言っても、顧客や案件ごとに状況が異なるから、個別の案件ごとに対策を決めていくしかない」

このような課題を解決するためには、**結果に辿り着くための「プロセスを体系的に捉える」こと。その上で「基準を設定」し、営業担当者全員と共通認識を持って「しくみで習慣化」すること**がカギになります。

今の時代、多くの企業ではSFA・CRMなどのデジタルツールを導入し、営業プロセスのデザイン自体は組織として定義されているはずです。

しかし、体系化された営業プロセスと基準がないために、実際の営業現場ではデジタルツールを有効活用できている組織が少ないというのが現状です。

多くの経営者は「売上の予測がわからない」「営業活動がブラックボックスになっている」「属人化している」といった問題を解決するためにSFAを導入します。そして、SFAを導入すれば、「売上の予測が明確になる」「営業戦略の検討に役立つ分析ができる」といった妄想に駆られてしまいます。

ところが現実には、「デジタルツールで属人化が加速されるだけ」という事態に陥る組織が少なくありません。だからこそ、体系化された型と基準を構築し、「人・しくみ・マネジメント」の三位一体で推進することが必要なのです。

プロセスマネジメントとは何か

「プロセスマネジメント」について、本書では次のように定義しています。

営業活動のプロセスを分解して「見える化」し、プロセスの各段階における問題を要因分析し、成果につながる可能性が高い施策をタイムリーに実行することで、ゴール目標を確実に達成するための手法。

多くの場合、マネジャーはプレーヤーとしての実績を積んだ結果として、その役割を担うため、一定の成功体験を持ち合わせている方がほとんどです。

ただ、その成功体験が頭の中では描けていたとしても、それを体系化、可視化できている人は少ないのが実情です。

メンバーが抱える個々の案件すべてに対して、その都度アドバイスを行うマネジメントスタイルは丁寧で良いのですが、これだと時間がかかってしまい現実的ではありません。

そこで、まずは体系化された基準をメンバー全員に伝え、理解・納得してもらうことから始めます。その上で、設定した基準に対して個々のメンバーができているのかを確認しながら、プロセスを進める関わりを行っていきます。

もちろん、顧客や案件によって基準通りに進まないこともありますが、この基準がマネジャーとメンバーの間に存在するからこそ、「今回の案件はこの理由で、こう進めたいと思います」と論理的に説明することが発生します。マネジャーはその判断が正しいのかを評価していけば良いという状態になるのです。

当然ですが、どんなことでも言葉にしなければ、人に伝えることも、共有もできません。また、言葉にできていたとしても、相手に伝える際にその都度異なる言い回しをすれば、受け取る側は一貫性が欠けていると感じて、迷いが生じてしまうだけでしょう。

営業チームが停滞する要因も同じように、マネジャーが自身の成功法則を整理し、言語化できていないからだと言えるでしょう。

反対に、**「どうすれば営業プロセスが機能するのか」**を体系化し、基準を設定し、しくみで回せれば、メンバーはそれをもとに自律して動けるようになるのです。

プロセスマネジメントの4つのポイント

プロセスマネジメントを組織に落とし込むには、以下の4点が重要です。

①全体を俯瞰する

最初に必要なのは、営業プロセス全体を俯瞰して把握することです。

営業プロセスでは、一部の活動だけを改善しても全体最適にはつながりません。「アプローチ」「案件化」「提案」「受注交渉」「受注・フォロー」といった**プロセスの各段階（フェーズ）がどのようにつながり、どこにボトルネックがあるのかを体系的に可視化することで、課題が明確になります。**そして、俯瞰的な視点を持つことにより、マネジャーとしてどの部分に手を加えるべきかを的確に判断できるようになります。

②ゴールから逆算する

プロセスを体系的に可視化できると、組織としてのゴールまでの道筋を明確にイメージできるようになります。

ここで必要なのが「ゴールからの逆算」です。ゴールが明確でなければ、どのようなプロセスが必要なのかが不明瞭になり、結果として改善施策が迷走してしまいます。ゴールの達成に必要な行程を分けて、段階的に「この段階ではどれくらいの数字が必要なのか」「この段階では何を行うと効果的なのか」を検証していきます。

逆算の反対は、積み上げ式アプローチですが、目先の活動を積み上げるだけでは、最終的にゴールにつながるかどうか見えにくくなります。

③重点を決める

続いて確実にゴールに到達するためには、いくつかの行程のうち、重点的に注力する項目を決めていきます。特に、リソースに限りがある営業組織では、何を優先するかを明確にすることが求められます。

重点を決める際には、「影響度が大きく、短期間で改善効果が見込める領域」に注力するのが効果的です。例えば、「案件化」につながるニーズ把握の質が低いことが課題の場合、「ニーズ把握の改善」を最優先にすることで、「提案の質」など他のプロセスにも好影響を与えられるのです。

④ KPIを活用する

最後に、プロセスマネジメントの成功には、適切なKPIの設定と活用が不可欠です。KPIとは「成果を測るもの」と思われがちですが、それだけではありません。

インサイト

KPIは「成果を測るもの」だと思っていたが、実は「過程を正すための指針」として使う方が、チームの成長が加速するんだ！

各フェーズに応じたKPIを設定することで、組織全体の活動がデータに基づいて最適化されます。また、KPIをチームで共有することで、全員が同じ目標を意識し、具体的な改善アクションを取れるようになります。

これら4つのポイントを具体的にマネジメントする際に、「勝利の方程式」という考え方を取り入れることで、より効果的に実行できるようになります。

営業組織の「勝利の方程式」

どんなビジネスにも、目標達成に直結する「勝利の方程式」があると私たちは考えています。例えば、飲食店なら「客数×客単価×リピート率」というのが一般的です。勝利の方程式は「売上」という最終結果につながる要素を分解し、その関係性を示したものになります。

もちろんＢｔｏＢの営業領域にも勝利の方程式があり、それを表したのが図１－１です。この方程式では、営業における様々な要素を定義して分解しています。

まず、営業活動を表の右側にある「アプローチ数」「案件化数」「提案数」「受注交渉数」「受注数」など、営業プロセスごとに必要な要素を分解していきます。

また、それぞれの要素は「質のマネジメント」と「量のマネジメント」に分けられます。マネジャーはこの量と質の両方を適切にマネジメントしていきます。

プロセスは図の上から下へと進んでいき、まずは「ターゲット数（量）」と「アポイント

1-1 営業組織の「勝利の方程式」

量のマネジメント		質のマネジメント		
ターゲット数↗	×	アポイント率↗	＝	アプローチ数↗
アプローチ数↗	×	ニーズ共有率↗	＝	案件化数↗
案件化数↗	×	提案依頼率↗	＝	提案数↗
提案数↗	×	導入検討率↗	＝	受注交渉数↗
受注交渉数↗	×	受注率↗	＝	受注数↗
受注数↗	×	受注単価↗	＝	受注総額↗

率（質）」のかけ合わせにより「アプローチ数（量）」が算出されます。

続いて、先ほどの「アプローチ数」を量のマネジメントの変数に加え、「ニーズ共有率（質）」のかけ合わせにより「案件化数（量）」が算出されます。

最終的に、受注した数に各案件の受注単価をかけ合わせて受注総額となるのです。

このように、受注につながるまでのプロセスを質と量の観点から分解し、何がボトルネックになっているのか、なぜ売上が増えていかないのか、その課題を特定していきます。

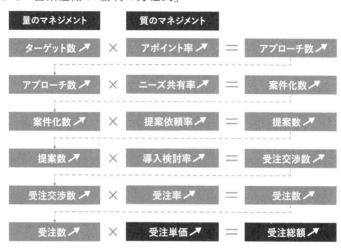

売上は複数の事象が複雑に絡み合って構成されるので、何か1つのアクションによって増えることはほとんどありません。だからこそ、プロセスを細かく分解してボトルネックを見極めることが必要なのです。

例えば、成果が出ない営業パーソンのボトルネックになりやすい箇所の1つに、**「ニーズ共有率」**があります。

ニーズ共有率とは、アプローチしたお客様との商談のうち、実際にお客様の課題を共有できた比率を表す指標です。この共有ができると案件化につながります。さらには、その後に提案した際、提案内容がお客様の課題に合致しているかどうかを表す指標にもなります。

反対に、ニーズ共有ができない状態とは、営業パーソンがただ資料やカタログを見せて提案しているだけで、お客様の側で「この製品・サービスが必要だ」という状態が生まれていないことを意味します。

もし「ニーズ共有率」のような基準がなければ、**「いい提案はできているのに、なぜか受注率が上がらない」**といった曖昧な課題が残り、組織全体で非効率な営業活動が広がるリスクがあります。明確な基準を設け、ボトルネックを特定することで、効率的な改善が可能になります。

営業プロセスデザインの作り方

ここからは、プロセスマネジメントの基本的な進め方について解説します。まずは「自社の営業プロセスをデザイン（リデザイン）する」ことから見ていきましょう。

ここで「リデザイン」とあえて付け足しているのは、前述の通り多くの企業でSFAが導入され、すでに何らかの営業プロセスを持っているケースが多いからです。そのため、イチから営業プロセスを作る必要はありませんが、そのプロセス自体を使いこなせていないケースが多いため、自分ごと化するという意味も含めて位置づけています。

営業プロセスをデザインする手順は次の通りです。

①お客様の購買プロセスを整理する
②フェーズを決める
③フェーズの定義・ゴール条件・ゴール判断基準を決める
④フェーズごとのキーアクションを設定する

では、営業プロセスデザインの手順を1つずつ見ていきましょう。

①お客様の購買プロセスを整理する

営業プロセスを設計する上でまず必要なのは、**「お客様の購買プロセスを把握し、パターンを整理する」**ことです。

一般的なＢｔｏＢにおける購買プロセスは「問題認識」からはじまり、「情報収集」「要件設定」「比較検討」「意思決定」、そして「購買・導入」の流れがあります。

ここで重要なのは、**お客様がそれぞれの段階でどのような懸念や心配ごとを持つか**という視点です。例えば、「問題認識」の段階では、「問題がボンヤリしていて何から手をつければいいだろうか」というモヤモヤした気持ちがあるかもしれないだろうし、「情報収集」の段階では「どうすればあるべき姿になっていくのだろうか」という不安もあるでしょう。

営業のプロセスは決して自己都合で進めるものではなく、お客様とともに進めていくものです。そのため、真剣にお客様の立場になって段階ごとの懸念や心配ごとに対応していく必要があります。ここで言う「懸念や心配ごと」は、お客様からすると「こうであってほしい」という期待の裏返しでもあります。

お客様は自分たちの期待を満たしてくれると感じることで、はじめて営業プロセスを前に進めようとします。しかし、お客様は随時「期待を満たしてくれた」と言ってくれるわけではないので、営業としてはお客様の先を見越した上で、自社の営業プロセスのフェーズごとに具体的に何を行うのかを明確にしておくのです。

お客様が「これがいい」「これはダメ」と全部伝えてくれたら、こんなにラクなことはありません。特に選択肢の多い現代では、ダメなら何も言わずにフェードアウトしていくお客様の方が多数派です。その意味では、やはりお客様のことをよく知り、お客様が潜在的に持つ課題に先回りしたアプローチが求められます。

昨今は情報へのアクセスがしやすくなったことで、情報収集までのプロセスをお客様が行っているケースも増えています。場合によっては、すでに営業パーソンよりも深い情報をお客様が手にした状態で「比較検討」までを終えてから声がかかる、といったケースも考えられます。

こうした状況の中で、マネジャーはこの変化を踏まえて営業プロセスをデザインしなければ、価値を届けづらくなっていると認識しなければならないのです。

②フェーズを決める

プロセスをデザインする際、お客様の購買プロセスごとの期待に応える形で、自社の営業プロセスを各フェーズで設定していきます。

これは業界や商材によって異なりますが、一般的なBtoB営業の場合、「アプローチ」「ニーズ共有」「案件化」「提案」「受注・フォロー」のようなフェーズに設定ができます。

プロセスが前に進むごとに案件数が目減りしていくのは自然なことですが、その際に1箇所だけ大きく落ち込むようなフェーズがあるとしたら、プロセス設計としては適切とは言えません。そうではなく、全フェーズがある程度一定の割合で目減りしていくことを意識した設計にすることがポイントです。

例えば、提案後になかなかお客様が導入の意思決定に至らない事業の場合、提案と受注・フォローの間に「受注交渉」というフェーズを設けるといった工夫が必要です。マネジャーはこのプロセスデザインを「自分ごと化」することです。設定されたフェーズが単なるマニュアルや形式的なものではなく、メンバー1人ひとりが「自分の行動にどう結びつくか」を理解し、納得してはじめて機能します。

プロセスを共有し、メンバーがその意義を実感できるようにすることが、営業組織全体の成果を最大化するカギとなります。

③フェーズの定義・ゴール条件・ゴール判断基準を決める

フェーズが設計できたら、それぞれのフェーズにおいて、「定義」「ゴール条件」「ゴール判断基準」を規定していきます。これにより、フェーズの進捗を客観的に判断でき、「プロセスが徹底されているかどうか」を正確に把握する基準ができます。

しかし、営業活動がうまくいかないケースでは、こうした基準が曖昧なまま進んでいることが少なくありません。例えば、次のような状況がよく見られます。

「製品カタログを一通り紹介できたから、この案件は『提案済み』に移行しておこう」
「案件化はしたけれど、上司に報告するまでもないから、お客様までの提案を行ってから報告しておこう」
「予算は聞いてないけれど、担当者の感触はよかったから『案件化』に移行しておこう」

これらのパターンには、「各フェーズがどういう段階で、どういう状態になれば、次のフェーズに移行できるのか」の判断基準がない点が共通しています。例えば、まだ案件化とはいえない状態なのに、次のプロセスに進んでしまうと、お客様は「まだ具体的な提案が欲しいわけではないのに」という状況になってしまうのです。

したがって、「『案件化』とはどのような状態を指すのか」「『提案』とはどのような要件を満たしているものか」など、各フェーズの単語そのものも定義する必要があります。ここでマネジャーとメンバー間で言葉の認識に乖離があると、「ボタンのかけ違い」が起こってしまいます。

そして、どの状態になったら次のプロセスに進むのか、次ページの図1-2のようにゴール条件を明確に設定し、客観的な判断をしていく必要があります。さらに、ゴール条件を満たしているのかを客観的に判断する基準も決めておきます。ここがメンバーと認識の違いが生じると、プロセスマネジメントが崩壊してしまうのです。

④フェーズごとのキーアクションを設定する

最後に重要なのは、**何をすれば次のプロセスに進む確率が高まるのか**というキーアクションです。これは組織ごとに、これまでに培ってきた成功事例や、すでに会社に存在するKSF（重要成功要因）を活かすことで見えてきます。

単に「お客様の要望を踏まえた提案をする」というアクションは他社もやっていることですが、例えば「お客様の常識を覆す情報として、○○のエビデンスを紹介する」のようなアクションによって、お客様は**「この会社からの営業は、自社にとってメリットがある」**と思ってくれる確率が高まるわけです。

マネジャーはこういった打ち手の選択肢をどれだけ持っているかによって、メンバー育成の質が変わっていきます。

1-2　プロセスデザインを徹底させるための参考イメージ

項目	説明	参考例
確度	受注する確率	20%
定義	このフェーズはどういう段階なのかをぶれないように明文化したもの	案件化後の正式提案機会獲得段階
ゴール条件	このフェーズをどうすれば卒業して次のフェーズに移行できるのかを明文化したもの	提案を実施したら次のフェーズへ 【提案の定義】提案とは、お客様の課題に対して具体的に解決策を示す。かつ、見積書も含めて提示する
ゴール判断基準	ゴール条件に到達したと誰が見ても認識がずれないようにした客観的な判断基準	✓BANT-C情報が把握できていることが前提 ✓「お客様の〜という課題について、具体的に提案をお持ちしてもよろしいでしょうか?」→Yes
特記事項	その他、フェーズごとに留意点が留意点があれば明記するもの	【商談の見極め基準】下記項目のどれかに該当すれば「フェーズZ」へ移行 ●3回訪問して提案実施にいかない ●このフェーズで30日以上経過している
キーアクション	次のフェーズにプロセスが進む確率の高い重要な活動	○仮説課題提示と課題の話し合い ○課題形成ワークショップの実施 ○現場インタビューの実施 ○お客様の課題の明確化、認識の共有 ○お客様の目指す姿の確認 ○解決策の検討に向けた話し合い ○議事録の作成・共有化

ここまでの4つのポイントを押さえて、プロセスを見える化し、全員が共有できる状態にすることで、組織が同じ方向を向いて営業活動ができるようになります。これが組織で営業活動する際、目標地点に辿り着くための地図、つまりプロセスマップになります。

当然ですが、すべての案件が同じルートをたどるわけではありません。ただし、全体を俯瞰できる地図がベースとなり、そこから個別の案件ごとの状況を分析して、最適なルートを割り出していくことが必要です。これについては第2章の「顧客マネジメント」で詳しく解説します。

営業プロセスを管理する4つの視点

営業プロセスを体系化できたら、次はこれらを運用していく段階へ入っていきます。プロセスを運用する際は、「①案件管理」「②進捗管理」「③行動管理」「④重点顧客管理」の4つの視点からマネジメントを行っていきます。

はじめに補足しておきたいのは、「営業プロセスの管理はマネジャーが細かく行えばいいものではない」ということです。

インサイト

プロセスはマネジャーが細かく管理するほど効果的だと思っていたが、実は「メンバーにプロセスの管理を任せてしまう」方が、結果としてチームのパフォーマンスは上がっていくんだ！

これまでに何百社を超える営業組織を見てきましたが、メンバーにプロセス管理を任せた方が良い結果が出るケースは非常に多いのです。

なぜなら、メンバー自身にプロセス管理の権限を持たせることで、メンバーは自発的に改善を行うようになっていくからです。自律的に動ける環境により、チームの柔軟性とパフォーマンスを高める要因へとつながるのです。

マネジャーはこれから見る4つの視点をメンバーに持たせて、セルフマネジメントできるように注力していくことが必要です。

①案件管理

まずは案件管理です。前述した「勝利の方程式」で見た内容をそのまま使って案件の全体の状況を把握し、売上予測からプロセス上の課題を設定し、対策につなげます。

図1－3を使いながら、案件管理について説明していきます。

左上に「売上目標」とありますが、例えば半期の売上目標が5000万円だったとします。現時点の受注残が2930万円だとすると、達成までのギャップ額は2070万円となります。

1-3 「案件管理」のイメージ

売上目標(万円)	5,000		今期受注額(万円)	2,930		
量のマネジメント		**質のマネジメント**		**必要数**	**保有数**	**ギャップ**
ターゲット数 172	×	アポイント率 35%	=	アプローチ数 60	アプローチ数 39	−21
アプローチ数 60	×	ニーズ共有率 50%	=	案件化数 30	案件化数 18	−12
案件化数 30	×	提案依頼率 50%	=	提案数 15	提案実施数 12	−3
提案数 15	×	導入検討率 70%	=	受注交渉数 10	受注交渉数 4	−6
受注交渉数 10	×	受注率 90%	=	受注数 9		
受注数 9	×	案件単価(万円) 230	=	ギャップ額(万円) 2,070		

現状のギャップを埋め、残りの半期で売上目標を達成するために、残りの期間で何件受注すべきかを逆算していきます。仮に案件単価が過去の実績トレンドから２３０万円だとすると、２０７０万円を達成するには９件の受注が必要です。

続いて、受注数９件を達成するために、どれだけの案件数が必要かを見ていく際には、過去の受注率トレンドを参照します。仮に90％の受注率だとすると、９件受注するために必要な受注交渉件数は10件必要だとわかります。さらに、さかのぼって提案から受注交渉に移行するのか、過去の導入検討率トレンドにより70％だとすると、15件の提案数が必要になることが計算できます。

そうすると、各フェーズに必要な件数が割り出せます。それに対して、現在の保有数をあてはめてみると、どのくらいの案件が足りないのかギャップがわかります。

あとは、そのギャップを埋めるために「いつまでに、どこに、何をするのか」を対策を決めていきます。

こうして、マネジャーは営業活動プロセスの中でチーム全体とメンバーそれぞれの質と量をマネジメントし、どのくらいの必要数があるのかを算出するのが案件管理です。


ここで重要なのは、**営業チームの「質のマネジメント」のトレンド数値をマネジャー自身が正確に捉えているかどうか**です。

これは過去のトレンドを踏まえて数値に組み入れていくものなので、マネジャーはデータドリブンの観点でデータを蓄積しながらマネジメントを行うことが求められます。

こうしたデータに基づいて、ゴールから考える逆算思考がなければ、単純に「10件受注するには、だいたい50件くらい案件化すればいいのかな」と、勘と行動量だけでカバーする営業しかできるようになりません。

ハイパフォーマーだったマネジャーほど「自分の予測はバッチリだから問題ない」と思い込みがちですが、その予測で本当に結果が出ているかどうかは、検証してみる必要があるでしょう。

予測がおよそ合致していればいいですが、多く見積もると現場は疲弊してしまいますし、反対に少なく見積もると売上目標に届かない事態となります。

多くのマネジャーは、どうしても目先の数字にとらわれ、個別の案件ばかりに注意が向いてしまいがちです。しかし、**マネジャーはチーム全体を見渡して、全体の進捗を俯瞰で捉える仕事が求められます。**

そのためには、ボトルネックを見極めた上での改善と、限られた時間とリソースの中での優先順位を作らなければなりません。

②進捗管理

続いては進捗管理です。進捗管理で行うのは、**組織におけるメンバーごとの案件のボトルネックを探り、課題を明確にして改善していくこと**を指します。

例えば、受注までの間に4つのフェーズがあるとします。フェーズ1から受注まで一般的な期間が定まっている場合、どのフェーズに期間を要しているのかがわかります。また、フェーズ1で100件あったものが、フェーズ2で70件まで獲得できるのが一般的なのに、50件しか得られていないとわかります。こうして、どこにボトルネックがあるのかが見えてくるのです。

フェーズ1からフェーズ2へと極端に件数が落ちる営業パーソンに対し、例えばフェーズ1で実施するキーアクションに対して知見を持つ人と一緒に営業活動させるなど、課題に対する対策につなげられます。

進捗管理をする際には、「案件の平均的な受注までの流れ」について、データを取る必要があります。これまでの営業活動を分析し、「受注率は◯◯%で、期間は◯◯ヶ月間かかる」という基準を設定していきます。

こうした基準がなければ、現在の活動量が多いか少ないか、長いか短いかの判断ができません。まずは基準を設定した上で多寡や長短を見極め、必要な手立てを打っていくことが大切です。

インサイト

プロセス管理は進捗をチェックするものだと思っていたが、実は「メンバーの自立心と創造性を育む場」だったんだ！

一般的には、プロセス管理では営業活動が計画通りに進んでいるかのチェックがマネジャーの役割でしたが、実はメンバーが自ら考え、プロセスの中で試行錯誤できる自由度を持たせることも大事になります。そうしたプロセス管理により、メンバーは自立心と創造性を持てるようになり、組織全体の生産性が高まっていくのです。

③行動管理

続いては行動管理です。行動管理では主に「ゾーン別活動配分」と、「コールインターバル」の視点で見ていきます。それぞれ説明していきましょう。

■ゾーン別活動指針

リソースの限られる組織においては、「どこに注力して営業するのか」、効率を考えて営業戦略を立てることが重要です。また、効率化しながら数をこなすだけでなく、顧客ごとにプロセスをカスタマイズしながら、深い関係を築いていく方が結果につながりやすくなります。

リソースが限られる営業組織ほど、顧客のニーズや特性に合わせてプロセスを柔軟に変えることで、顧客との関係が深まり、成約率が向上していくのです。

行動管理では図1－4のように、担当顧客を**「ポテンシャル」と「取引実績（自社のシェア）」の2軸**で分けていきます。

縦軸は、自社から見たお客様のポテンシャル、つまり、自社が提供しようとしている領域の総購買量のことです。お客様の会社の規模が大きければ、ポテンシャルは比例して高くなることが多いです。

横軸の取引実績というのは、これまでの取引実績を指します。自社との取引額が多いほど右に位置します。これをマトリクス図にマッピングすると、図のように4つの象限に分けられます。

1-4　「顧客の重点先」を見える化するマトリクス図

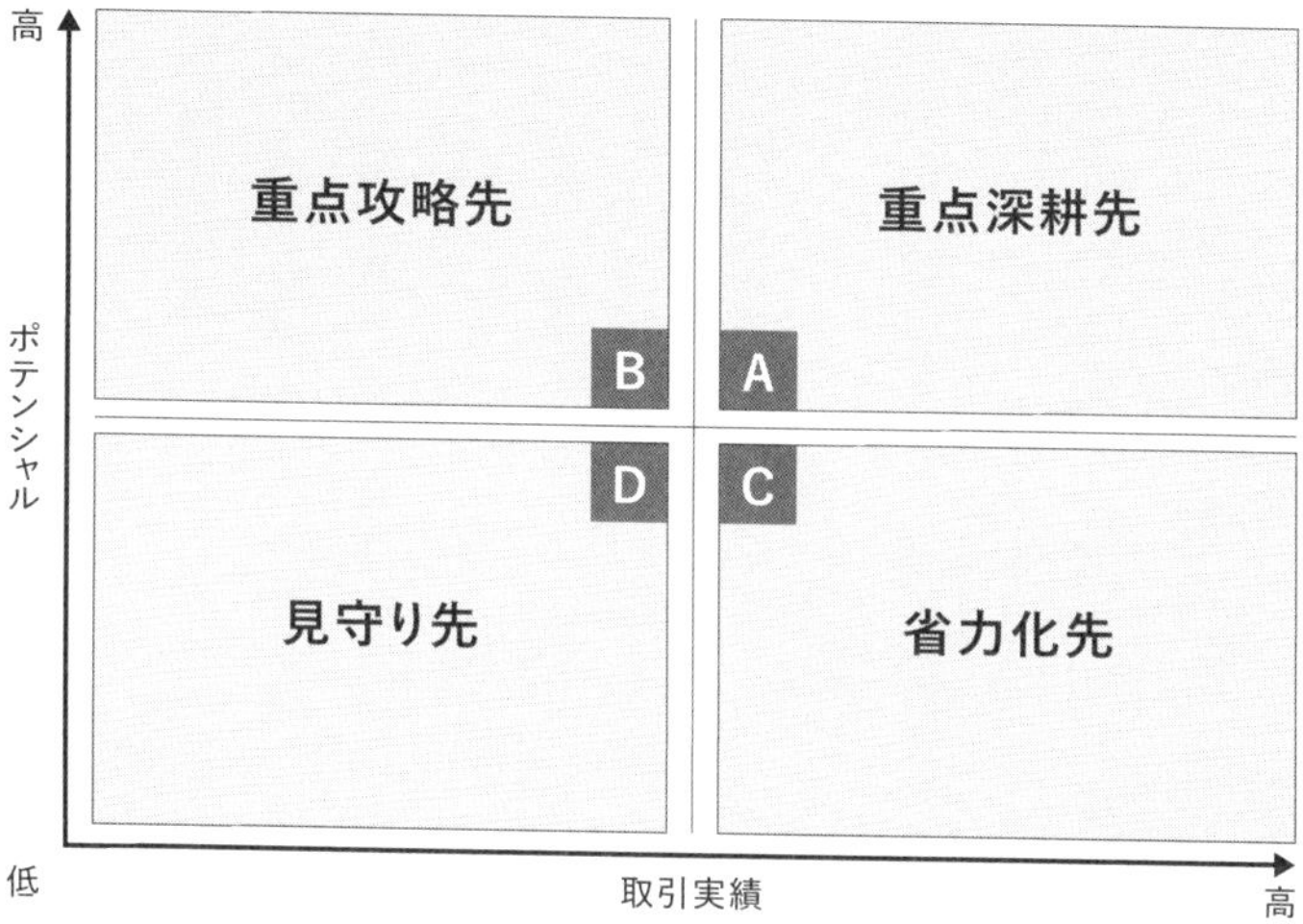

　この4象限に分けるとき、**営業パーソンの足が向きやすいのはCゾーン（省力化先）です。**過去の取引実績があり、顔なじみでお客様から信頼もされている。顧客からすると、総購買量の多くを自社に委ねて信頼しているので、営業パーソンはCゾーンへと本能的に足が向かってしまいます。しかし、こうした営業活動を続けていては、売上は大きく伸びないのも事実です。

　一方、**ハイパフォーマーは左上のBゾーン（重点攻略先）を狙います。**現状の売上実績は少なかったとしても、ポテンシャルが高いゾーンを攻略できれば、売上を大きく伸ばせる可能性があるからです。そして、最終的に右上の重点深耕先の位置にまでもっていければ理想的です。

マネジャーがメンバーを行動管理する視点がなければ、図1-5のように売れない営業パーソンほどCゾーンばかりに目を向けてしまうでしょう。これをBゾーンへと促し、リソースを分配していくのがマネジャーの役割なのです。

「行きやすいお客さんのところばかりに訪問しているな。難しいところを攻略するのが仕事だろ」と思うかもしれませんが、マネジャー自身も駆け出しの頃は自然と売上実績のある取引先に足が向きがちだったのではないでしょうか。

気持ちとしては「頑張って新規顧客を獲得するぞ」と思っていたとしても、無意識にそうした行動になってしまうのが人間です。こうしたメンバーの気持ちに寄り添った上で指示することがマネジャーの役割なのです。

ただし、注意すべきは「CゾーンかBゾーンか」という二元論ではなく、行動管理はリソースとの兼ね合いで柔軟に考えることです。

例えば、1日の訪問件数が4件、稼働日数が20日の場合、80件の営業活動をどの象限に

1-5　成果が上がらないセールスの実態

メンバーが適切なリソース（活動工数）を配分できているかをマネジメントする。

【平均的な営業パーソンの活動分布】

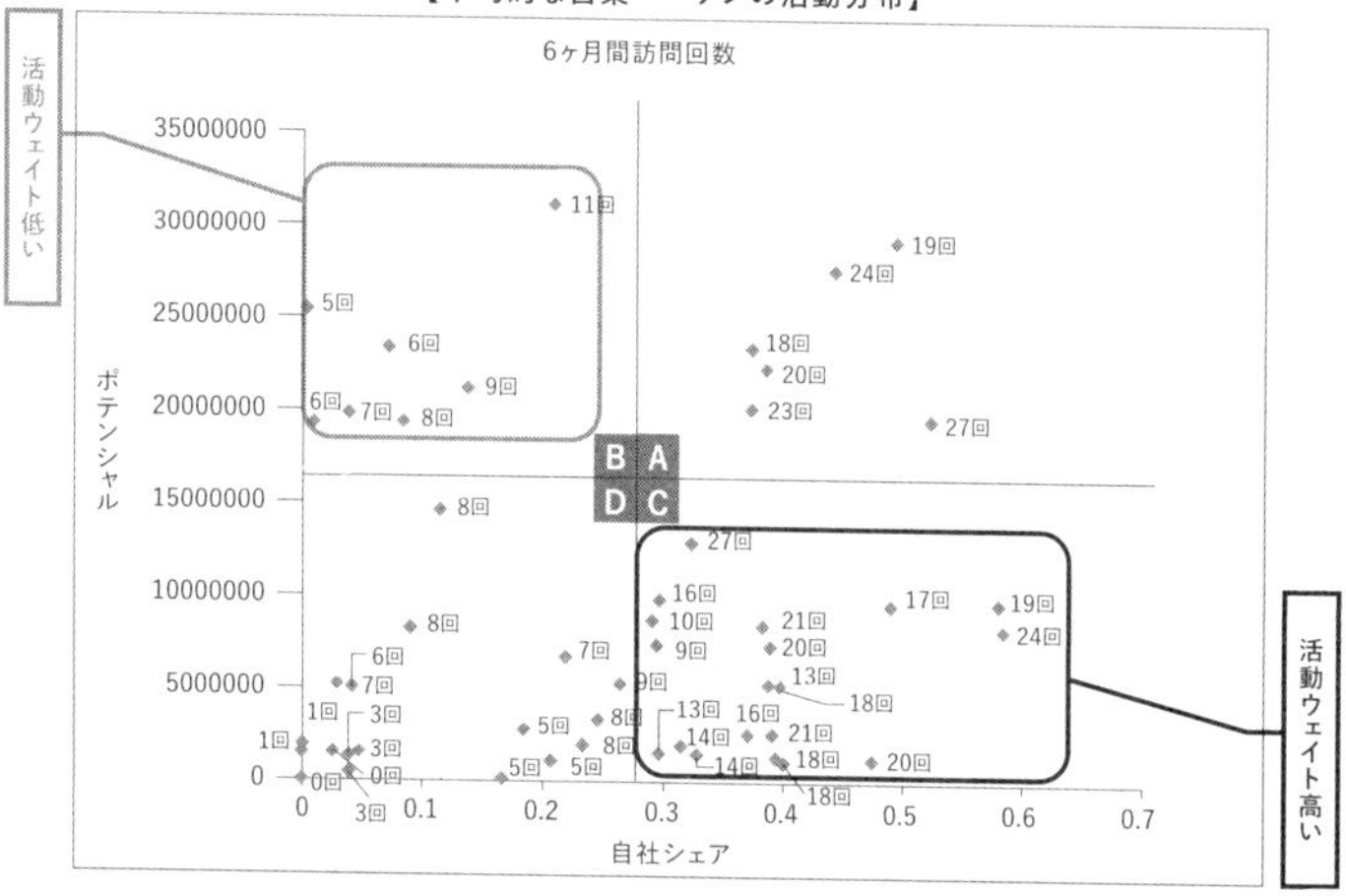

割り振るかで、目標達成ができるかどうかが決まります。80件のうち3割はAゾーン、4割はBゾーンなどと基準を設定してメンバーごとに割り振りを決めてあげると、特に若手の場合は生産性が上がっていきます。

ちなみに、Cゾーンに関しては実績が多いので、当然軽視することはできませんが、ポテンシャルは低いゾーンなので、いかに活動を効率化するかを考えます。

例えば3日に1度、先方に足を運んでいたとしたら、「3回に1回はメールに置き換えてみよう」と提案するなど、メンバーに効率化を意識させていきます。

そしてDゾーン（見守り先）については、実績も少なく、ポテンシャルも低いので、少し距離をとって「つかず離れず」の状態を維持するような関わり方をしていきます。

特に、結果が出ていない営業メンバーほど、営業活動できる案件があること自体が嬉しくて、ついDゾーンにエネルギーを注いでしまいます。

若い営業メンバーが経験を積む場としてはいいですが、いつまでもDゾーンに注力していると、生産性はいつまでたっても高まりません。

最後に付け加えると、**成果が出ている組織ほど「B↓A↓C↓D」の順に高い配分を設定して、営業活動を徹底しています。**

■コールインターバル

できる営業パーソンほど、訪問する頻度はどのくらいが適切なのか、計画的に行っていきますが、多くの場合「前回の訪問が先々週だったから、そろそろ顔を出しておくか」というくらいにしか考えていません。そこで大事なのが、**「訪問の間隔＝コールインターバル」にも基準を設けていくこと**です。

例えば、案件化した企業には、これまでの受注実績やうまくいった事例を元に、「週に1回コンタクトを取るようにする」といったことを基準にします。こうして基準を決めて、その通りに営業活動ができているのかを管理するのも、行動管理の1つです。

さらには、先ほどのゾーンA～Dごとにコールインターバルの基準を設定すると、より戦略的な活動になります。

④重点顧客管理

最後は重点顧客管理です。行動管理の中で示したように、主にBゾーン（重点攻略先）の顧客をAゾーン（重点深耕先）の顧客にするためのマネジメントが「重点顧客管理」になります。

AゾーンとCゾーンは、マネジャーが意識せずとも、メンバーが普通に足を向けることができます。しかし、どうしてもCゾーン（省力化）に偏りがちな行動の比重を、Bゾーンに振り向け、Aゾーンへと導いていくのがマネジャーの役割です。

先ほどの行動管理では、どのゾーンにどれだけのリソースを配分するかという量の問題でしたが、重点顧客管理は質の問題になります。Bゾーンは難航が予想されるので、質を伴った活動にしなければなりません。

重点深耕先（Aゾーン）についてはポテンシャルが高いので、競合他社も攻略しようと常に狙っている営業先です。すでにAゾーンのお客様にはとにかく時間を割いて丁寧に対応し、エネルギーを割かなければならないと考えるはずです。

しかし、他社からAゾーンを守っているばかりでは、良くても維持、悪ければジリ貧になってしまうので、営業としてはBゾーンまで開拓していくことが求められます。

そして、自社におけるBゾーンは、逆に他社からするとAゾーンであり、絶対に他のところには攻略されたくない、死守したいゾーンでもあるわけです。ですから、Bゾーンから Aゾーンにもっていくための中長期的なプランニングが必要になります。

そのために営業マネジャーは、チームとしての重点顧客をどのように攻略してくのかをメンバーだけに任せるのではなく、チームとしての施策や営業部全体を巻き込んだ施策、あるいはマーケティング部とも連携した取り組みを検討していかなければなりません。

その上で、個々の顧客をどう攻略していくのかについては、第2章の「顧客マネジメント」で詳しく見ていきます。

まとめ

・プロセスマネジメントとは、営業活動のプロセスを分解して見える化し、プロセスの各段階における問題を要因分析し、成果につながる可能性が高い施策をタイムリーに実行することで、ゴール目標を確実に達成するための手法」のこと

・営業のプロセスを「量のマネジメント」と「質のマネジメント」に分解し、営業活動の「勝利の方程式」を規定する

・営業活動プロセスに沿って進んでいるかどうかを点検するために、「案件管理」「進捗管理」「行動管理」「重点顧客管理」の４つの視点からメンバーをマネジメントする

第2章

顧客マネジメント

勝ちに不思議の勝ち有り、負けに不思議の負け無し

平戸藩9代藩主／剣術家　松浦静山『甲子夜話』

なぜ「顧客マネジメント」が必要なのか

突然ですが、これは何の数字だと思いますか？

1：5
5：25
80：20

ピンと来た人も多いと思いますが、これらは営業の世界でよく使われる法則です。

【1：5の法則】新規顧客獲得には、既存顧客比で5倍のコストを要する
【5：25の法則】顧客離れを5％改善すれば、利益が25％改善される
【80：20の法則】売上の80％は顧客全体のうち、20％から生み出されている

これらの数字から営業マネジャーが考えるべきは、**売上基盤を構成する既存顧客、なかでも上位20％に相当するような重点顧客に対し、いかに継続的で盤石な関係を構築し、さ**

らに発展させていけるかということです。

営業マネジャーの中には、過去に「人間関係で数字を作ってきた」という経験を持つ人も少なくないと思います。ところが、現代ではどの業界においても、人間関係だけで契約を取れるほど簡単ではないのです。

例えば、既存のお客様と強固な関係を築き、製品・サービスの価値を提供できていると思っていたのに、実は個人の人間関係に依存した営業活動にすぎなかった場合、先方の担当者が変わると、シビアに取引先を見直されてしまい、契約が打ち切りになるケースも珍しくありません。

ポテンシャルの大きなクライアントは、自社からすれば関係性を途絶えさせたくない重点顧客ですが、競合にとってはシェアを獲得するために注力して狙ってくる重点ターゲット先なのです。そのため、属人的な営業スタイルから脱却し、より磐石な「顧客マネジメント」を構築する必要があります。

しかし、私たちが日々接するお客様からは次のような悲痛の声を聞くことがあります。

営業トップの声

「大きな会社との取引はできているけど、役員である自分と同じ立場の方とは会ったことがない」

「重要顧客との組織的関係性を築けているか不安だ」

営業マネジャーの声

「うちの営業メンバーはお客様に振り回されて、対応が後手になっている」

「自分が顧客対応した方が結果は出るから、メンバーにも私と同じように対応してもらいたいけど、どう伝えればいいのだろう」

大事なのは、重点顧客ほど担当者同士だけの関係性ではなく、組織全体で関係を築くことです。だからこそ、**属人的な営業に頼らない形で顧客との関係性を構築し、結果を出すことが必要なのです。**

顧客マネジメントとは何か

「顧客マネジメント」について、本書では次のように定義しています。

> 営業チームにとって特に重要な顧客企業に対し、ビジネス上の課題を共有し、解決策を提案し続ける。その結果として、顧客エンゲージメントを長期に発展させ、発生する案件を確実に受注につなげていくための手法。

重点顧客では前章で述べたように、**「ポテンシャル（高）×取引実績（高）」**が営業チームにとっての重点顧客となります。マネジャーとしては、この重点顧客をどのように管理していくかがカギを握ります。

一方で、将来の取引先を目指す**「ポテンシャル（高）×取引実績（低）」**の重点攻略先を、いかに今後の売上基盤にしていくかも営業チームにとっては生命線とも言えます。顧客マネジメントでは、この2種類の顧客を対象に、マネジャーが戦略的に取り組むことが求められます。

顧客をマネジメントする目的は、重点顧客と太く長い関係性を築き上げるためです。そのためには、取引先から単に「便利なものを提供してくれる存在」ではなく、「事業課題に貢献してくれている必要不可欠な存在」と認識されなければなりません。

そんな存在になるには、**個人的な人間関係の枠を超え、お客様に対して自社組織のケイパビリティ（総合力）を使って、能動的に働きかける**必要があります。

お客様の将来を先回りして考え、その課題解決に貢献するという姿勢を示すと、お客様は「あの会社は当社のことを深く理解し、真剣に貢献しようと努めてくれている」と感じるはずです。このような信頼感が顧客の満足感を高め、より強固な関係性の構築につながります。

また、顧客マネジメントの役割は「顧客の満足度を高める」ことだけではありません。「顧客を主導する」ことも重要な役割です。特にＢｔｏＢ営業では、顧客が自社の価値を深く理解するだけでなく、顧客に新しい知識や洞察を与え、成功に導いていくことも求められています。

つまり、**「顧客を主導する」とは、顧客が自身の問題や課題を認識する支援をすることであり、それを通じて新たな視点や知見を得た顧客が自社製品やサービスへの理解を深めていくこと**を意味します。その結果、より強い関係が築かれるのです。

■既存顧客と新規顧客のバランス

営業支援の仕事をしていると、次のどちらが重要なのかという質問をよくいただきます。

- 「質」と「量」
- 「新規」と「既存」
- 「売上目標」と「部下育成」
- 「攻め」と「守り」

しかし、営業の世界では「二元論」で割り切れるものはほとんどありません。

重要なのは、明確な基準を持って「それぞれをどこまでやり切るか」を決めることですが、皆さんの基準はいかがでしょうか。

営業活動における基準設定は、限りあるリソースを重点顧客へ向けるためにも必要不可欠です。また、営業活動において、重点顧客との関係がいかに大切かはこの章の冒頭でも見た通りです。

毎年のように新規顧客を開拓し、単発の案件で顧客との関係が終わってしまうことを繰り返せば、当然ですがメンバーは疲弊してしまいます。かといって、新規顧客を開拓し続けなければ先細りしてしまいます。

大事なのは、重点顧客で売上基盤を担保し、その余裕をもって新規開拓に乗り出していくのが営業活動のあるべき姿であり、マネジャーはそのバランスを作ることが求められます。

そして、既存顧客と新規顧客のバランスの基準は、どの会社、どの業界にも当てはまる唯一の公式は存在しません。会社の成長具合によっても変わっていきます。

製品・サービス力のある成長途上の企業なら、新規顧客の開拓に比重を置くべきですし、成熟企業なら既存顧客に軸足を置き、新たな製品・サービスづくりに時間を割く方が大事かもしれません。

営業活動においては、「既存も新規もどちらも重要で、その中で限られたリソースをいかに配分するか」という考えしか成り立たないのです。

その際にどう考えるかは、営業組織の中で基準を持っているかどうかにかかっています。49ページの図1－4でチームとしてA・Bゾーンにどのくらい配分が必要か、そうするとC・Dの配分をどれだけ減らすべきなのか、というような視点をマネジャーとして常に持っておかなければなりません。

営業マネジャーは、チームの売上の基盤となるお客様とは、「会社対会社」「組織対組織」のWin－Winの関係を築くのが役割です。そのためにも、重点顧客の案件ほどメンバー任せにせず、マネジャーが能動的に関与して関係の深化に努めていくべきなのです。

■部下には「プッシュ型」と「プル型」でマネジメントを行う

高度で複雑な要望を持つ重点顧客へ能動的に働きかけるには、1人の営業担当では限界があります。そこでマネジャーの積極的な関与が求められます。

メンバーが顧客との関係性を作れているかどうかの確認から始まり、その関係を深化させていくために何が必要なのか、営業担当と一緒になって考えていくのです。メンバーからの求めに応じてだけ相談に乗るのではなく、重点顧客に関してはマネジャーは営業担当に対して、「最近、新聞の記事でこういう動きがあると知ったけど、A社に新たに提案できることはないか」など、メンバーに対して能動的に関わっていくことが要求されます。これを私たちは「プッシュ型のマネジメント」と呼んでいます。一方で「プル型のマネジメント」は、メンバーの求めに応じてフォローを行うマネジメントを指します。

ただし、プッシュ型かプル型かは、メンバーの成熟度によって変わってくることを付け加えておきます。

新人とベテランでは、相談の頻度や内容も変わってきます。ベテランには相談があった際に対応すれば良くても、新人の場合には相手からの反応を待たずにプッシュ型で「あの案件はどうなっているか」「こうした施策を提案してみてはどうか」などと能動的な関わりが必要な場面もあります。

顧客マネジメントは、重点顧客との関係構築とメンバー個々の育成という視点を常にバランスをとりながら見ていく必要があります。

■担当配置の考え方

営業チームをマネジメントする上で、マネジャーはメンバーをどのように配置させるのかは、全体のパフォーマンスを左右する重要な要素です。

これまで多くの営業組織を見てきた中で、営業メンバーに顧客を配置する際、よくあるのはハイパフォーマーを取引実績の高いゾーン（A、Cゾーン）に配置するケースです。当然ですが、取引実績の多い顧客にハイパフォーマーを担当させる方が、より実績を上げやすく、売上を作りやすいからです。

また、ハイパフォーマーをA、Cゾーンに配置することで、若手は反対にB、Dゾーンに偏り、新規で開拓するゾーンを担当するケースも多いです。しかし、若手の頃から新規開拓を行うことは決して容易ではなく、営業として成功体験を作りづらいというデメリットがあります。

営業組織のマネジメントにおいて、理想的な担当配置は次の図2－1のように、ハイパフォーマーはポテンシャルが高い重点顧客を担当させることです。そうすることで、一定の売上見込みを作りながら、ハイパフォーマーは重点攻略先の開拓に取り組めるので、売

2-1　担当配置の考え方

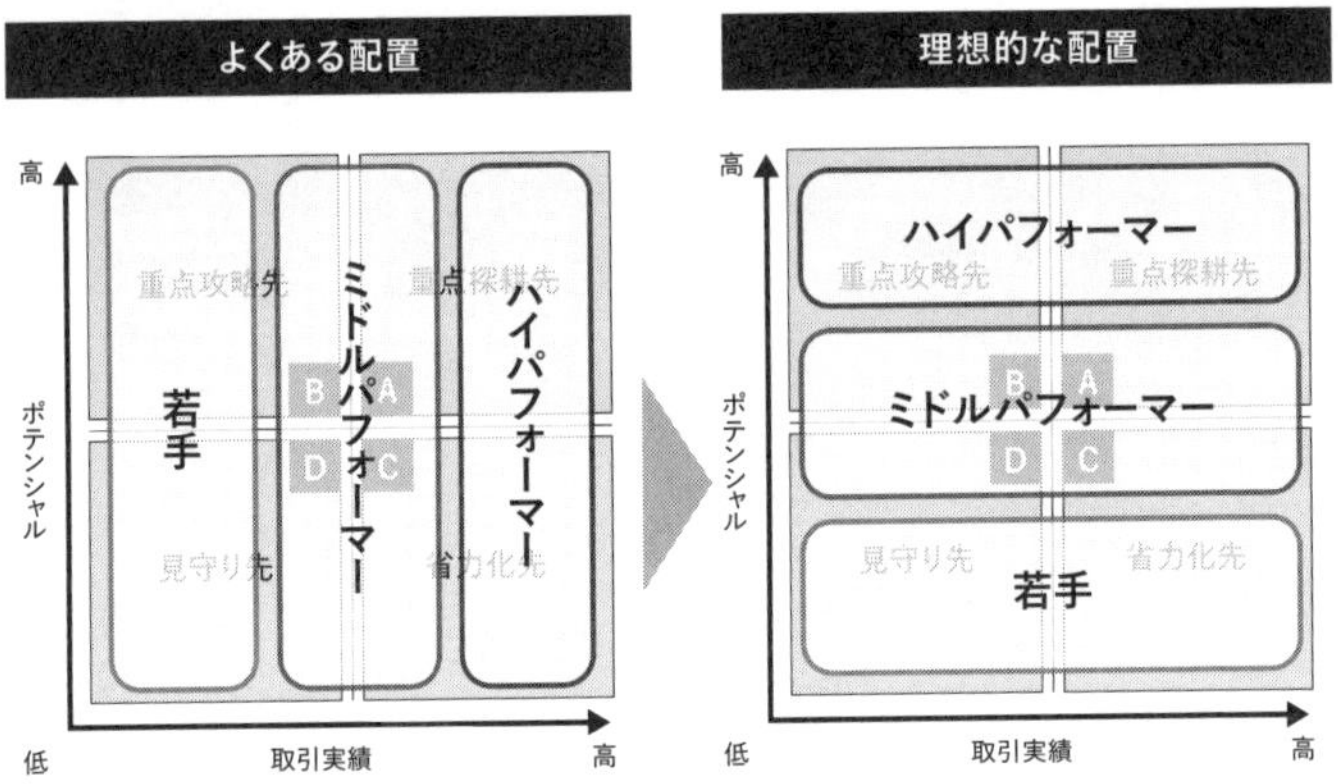

上、個人のモチベーションのいずれも高い状態で営業活動ができます。

そして、若手は取引実績の充実している顧客Cゾーンと、ポテンシャルの低い新規開拓先であるDゾーンを担当することで、営業としての経験を積みながら成長を促すことができます。

「ポテンシャルは低いとはいえ、長年の取引先を新人に任せるのは危なっかしい」と思うかもしれませんが、そのリスクよりも若手メンバーが新規を開拓できずに疲弊していくリスクの方を気に留めるべきでしょう。

ミドルパフォーマーの配置に関しては、C、Dゾーンの営業活動に固執させず、できるだけA、Bゾーンに意識を向けさせることがポイントです。なぜなら、成果の上がらない営業パーソンほど、取引実績は多いけどポテンシャルの低いCゾーンで営業活動を行いやすいからです。

そして、営業パーソンの理想的な動き方としても、Bゾーンの比率を上げることが大切です。こうした注力する顧客の見極めが、組織の中にハイパフォーマーを作る際に大切なのです。

「顧客戦略」と「案件攻略」

■重点顧客と1年後の理想の関係を描く

BtoB営業では、売上基盤となる重要顧客は、1つの製品・サービスに限らず、複数の案件が発生するものです。例えば広告会社なら、マーケティング支援をきっかけにイベント企画や、すでに取引していた部署とは別のところから仕事が舞い込むことも考えられます。そこで必要になるのが、重点顧客に対する「顧客戦略」と「案件攻略」の2つの軸です。

顧客戦略とは、特定の顧客とビジネス上の課題を共有し、解決策を提案し続けることで、顧客エンゲージメントを長期的に発展させていく「戦略的営業活動」を指します。

営業の成功者というのは、お客様と社内からの「信用貯金」をたくさん貯められた人です。信用貯金に利子がどんどん増えて、それが売上基盤となり続けることが、常に目標達成につながっていくのです。

また、案件攻略とは、顧客との長期的な関係を構築するプロセスにおいて、自社で対応できる個々の案件を把握し、複数の選択肢から自社を選んでもらえるように働きかける営業活動のことです。

営業パーソンは複数発生する案件を確実に受注するための視点はもちろん、それとは別に先方から声がかからなくても、自ら能動的にお客様の事業課題に働きかける視点が重要になります。なぜなら重点顧客の見えている案件だけに依存していては、いずれ売上が先細りになってしまうからです。

シェルパワークスでは「顧客期待調査」というサービスを提供していますが、ほとんどのクライアント企業のその先のお客様がクライアント先に要望するのが**「先を見越した提案をしてほしい」**というもので、常に上位に挙がってきます。これを見たクライアント先の営業担当者は、口を揃えてこう言います。

「提案してほしいというけど、製品やサービスの紹介をすると嫌がるのはお客様の方ではないか」

こうした声は、お客様が言う提案と、営業担当者が言う提案の根本的な認識の齟齬から生じるものです。

お客様は常に、自分たちの事業課題に向き合い、貢献してくれようとするパートナーを求めています。そのことを理解した上で、営業では半歩先をいく提案領域を見出せるかが重要となります。

■理想はお客様の「かかりつけ医」になること

ＢｔｏＢにおいて重点顧客となる企業は、お客様となる事業や部門は複数にわたります。そのため、自社の営業組織としては最初に声がかかる相談窓口になることが理想です。例えとしてよく使うのは「かかりつけ医」です。体調に異変が生じたら、まずはかかりつけ医に相談して診断につながり、治療が難しければより規模の大きな医院を紹介してもらうはずです。営業においても、お客様にとっての最初の相談窓口になることができれば、案件の幅は広がっていきます。

かかりつけ医には患者の心身の総合的な理解が求められますが、営業においても全く同じことがいえます。マネジャーには総合的な視点で重点顧客を捉えることが求められているのです。

案件を攻略する7つのステップ

2-2　案件攻略の7ステップ

設定フェーズ	1.案件評価	▶BANT-C
	2.ゴール目標	▶短期長期と定性定量
分析フェーズ	3.意思決定ユニット	▶関係者と関係性
	4.顧客ニーズ	▶ニーズとウォンツ
	5.影響要因	▶プラス要因とマイナス要因
立案フェーズ	6.マイルストーン	▶購買プロセスと逆算シナリオ
	7.促進活動	▶外部行動と内部行動

どんなスポーツチームでも、一流選手だけを揃えて試合に臨めるわけではありません。一流選手もいれば、経験が浅いメンバーも在籍し、一丸となって試合に向かっていきます。そこで必要なのは、「育成しながら勝つ」ことです。

これはビジネスの世界でも同様で、マネジャーは、業績目標達成と人材育成の同時達成が求められます。なぜなら多くの企業が、すでに出来上がった選手が活躍するメジャーリーグのチームではなく、育てながら勝つことが求められる野球チームのようなものだからです。

体力のある大手企業なら大量に人を採用し、2軍で鍛え、その中から勝手に育ってきた社員を1軍のようにして起用できるかもしれません。しかし、多くの企業は少数の社員を雇用し、「育成しながら勝つ」ことで経営しなければならないのです。

成熟度の多様なメンバーを揃えながら勝つためには、体系化された営業活動の進め方を共通言語として、1人ひとりのメンバーが再現性をもって実行に移せることが必要です。

重要なお客様に対し、営業担当として半年後、1年後にどのような関係性を築き上げたいのかを理解し、マネジャーはどうすればその目標に辿り着けるのかをイメージしながら、メンバーに対して関わっていく。そんな先を見据えた関わり方が必要です。

ここからは、営業チームとして共通の視点、共通言語に基づいて、重点顧客の案件を確実に獲得し、長期の関係性構築の礎とするための方法を見ていきます。それによって、営業マネジャーとしての具体的な関わり方が理解でき、メンバー1人ひとりが自立的に「顧客を主導すること」へとつながっていきます。

顧客をマネジメントし、案件を攻略する方法として、ここからは前ページの図2－2の7つのステップを解説していきます。

「案件評価」と「ゴール目標」の明確化

まず、案件攻略ステップの最初の設定フェーズで大事なのは、「案件を評価し、適切なアクションを取ること」「ゴール目標を明確にすること」の2つです。これを基準に、重点顧客とそうでない顧客に対し、どのような活動を積み上げていくのかを設定していきます。

■ 案件評価

まずは案件として、**「相手が提案を受け入れてくれる俎上に乗っているかどうか」**の見極めがマネジャーには必要です。この視点を見誤ると、自分たちは案件化したと勘違いし、営業活動の労力をかけても、最終的にお客様から「そんなつもりはなかった」と断られてしまうことが起きてしまいます。

案件を見極める際には、「BANT－C」の指標が役に立ちます。次の図2－3のように、5つの評価項目の点数を加算していき、一定の点数に届いていれば「案件化したとみ

2-3　案件を評価する項目「BANT-C」

	評価項目	評価の視点	評点基準
1	Budget 予算	●課題を解決するためにお客様は費用を確保していますか？　もしくは確保しようとしていますか？	□　2:確保している □　1:確保しようとしている □　0:知らない □ −1:ない
2	Authority 決裁者	●接点を持っているお客様は稟議を承認するための決裁権限をもっていますか？　もしくは決裁者に強く影響を与えますか？	□　2:決裁権限を持っている □　1:決裁者に影響を与える □　0:知らない □ −1:ない
3	Needs ニーズ	●お客様のニーズは、明確に顕在化していますか？　もしくはぼんやりと顕在化していますか？	□　2:明確に顕在化している □　1:ぼんやり顕在化している □　0:知らない □ −1:ない
4	Timeframe 導入時期	●課題を解決するために対策を導入する時期は決まっていますか？　もしくはこれから決める予定ですか？	□　2:決まっている □　1:これから決める □　0:知らない □ −1:ない
5	Compelling event 購入必然性	●課題を解決することはお客様にとって必然性が明確にありますか？　もしくは少しでも必然性がありますか？	□　2:必然性が明確にある □　1:必然性が少しはある □　0:知らない □ −1:ない

なす」というような基準を組織の中で決めます。こうした方法も使いながら、案件化の定義を明確化していきます。

具体的な進め方は、このチェックシートを使い、各案件を担当するメンバーにチェックしてもらいます。BANT-Cでいうと、例えば、5点以上になっていれば案件として認めるという基準を設定します。5点に届かない案件は、「お客様に確認を取る」「ニーズをさらに情報収集する」「別の案件を優先して進める」など、営業戦略を変えていきます。

BANT-Cで案件評価をする際、「決裁者は誰を指すのか」「ニーズはどういう状態を指すのか」など、それぞれの項目を組織ごとに言葉の意味を定義づけることも必要です。各項目の意味するところは何なのか、マネジャーとメンバー間でその認識のギャップがあると営業戦略の進捗を見誤ってしまうからです。

■ゴール目標の設定

案件評価が基準に達していれば、次はゴール目標の確認です。

ゴール目標がわかると、現在位置を確認した上で「この案件を確実に受注するには、何を、どれだけ、どのようにやっていくか」の道筋を立てられます。

そして、お客様との関係性の長期的な発展を前提に、狙った時期に、狙った規模の案件を受注するというゴールを、妥当性のある目標として明確にします。

具体的には、**「ゴール目標」は「時間軸」と「状態」に関してマネジャーが確認していきます。** 時間軸としては短期と長期、状態としては定性と定量の点で評価していきます。特に定性では、案件を受注した際の売上を得るために、お客様とどんな状態になっていればその取引が成立するのか、その関係性をゴールに盛り込んでいきます。

営業担当者は、どうしても目先の売上に走りすぎてしまい、視野狭窄になってしまいがちです。

そうした中でマネジャーに必要なのは、メンバーの視野を広げ、視座を高めさせる思考習慣をつけさせることです。そのためにも、短期だけではなく、中長期の視点で重点顧客にどんな貢献活動をすべきかをメンバーに考えさせる必要があります。

「意思決定ユニット」と「顧客ニーズ」への対応・指導

■意思決定ユニットの把握

「案件評価」と「ゴール目標」を明確にできたら、次は「意思決定ユニット」と「顧客ニーズ」の把握です。

まず「意思決定ユニット」とは、お客様が決済に至るまでに関係する登場人物のことです。意思決定に影響を与える人物を把握し、その人との関係性を確認した上で、いかに案件を進展させるかを考えていきます。

お客様の企業規模が大きくなるほど、案件ごとに意思決定ユニットは変化していくので、マネジャーは誰に当たるのかを常に把握しておくことが求められます。

アメリカの調査・コンサルティング会社ＣＥＢの調査によると、ＢｔｏＢにおける意思決定には平均５・４人の承認が必要といわれています。トップだけでなく、窓口担当を含めて様々な人が意思決定に影響を与えます。

もし意思決定ユニットを把握しなければ、終盤になって横やりが入ったり、最後にひっくり返されたりなど、営業活動の苦労が水の泡になってしまうでしょう。

意思決定ユニットは、案件導入に対して最終決定権を持つ「決裁者」、取引の窓口として案件を具体的に検討し、決裁者に起案する「購買者」、意思決定に影響を与える人の中で、職位による権限を持ち影響力が強い「権限影響者」、意思決定に影響を与える「影響者」で構成されるのが一般的です。

「影響者」の中でも、問題意識が強く組織で変革を推進し、社内で合意形成できる人のことを「変革影響者」と言います。ＢｔｏＢ営業において、この「変革影響者」と出会い、関係性を構築できれば、短期・長期のゴール目標達成に向けて一気に物事が進みやすくなるので非常に重要な存在です。

インサイト

企業トップが重視するのは製品の質や価格だと思っていたが、実は営業担当者が自社幹部からどれだけ信頼されているかが最も重要だったんだ！

先方との信頼関係ができることで、導入時の意思決定に対して幹部の支持が得やすくなり、取引がスムーズに進むようになるのです。

こうして、信頼関係も作りながら意思決定をする「登場人物」が把握できたら、今度はその人がそれぞれどのような関係者で、個別の案件に対してどのような意向を持っているかを把握します。自社に好意的であれば「ポジティブ」、否定的であれば「ネガティブ」、どちらでもなければ「ニュートラル」と評価していきます。

その結果を次の図2－4のようにマッピングしていきます。

意思決定ユニットをマッピングする方法は、お客様から相談を受けたり、商談したりする中から推察をしていきます。その際に、他にも意思決定に影響を与える人がいないか、

2-4　意思決定ユニットの把握

	ネガティブ	ニュートラル	ポジティブ
決裁者		事業部長 石田本部長	
購買者・権限影響者	マーケティング部 蒲生部長	営業企画部 島部長 営業推進部 宇喜多部長	
影響者	購買部 毛利部長 経営企画室 小西主任	人事部 小早川部長	営業企画部 大谷課長 ※変革影響者 営業企画部 島津主任

お客様から聞き出すようにします。

意思決定者のポジションを把握し、自社に対してポジティブの方向に変化させるには、その相手に何かしらの価値を感じてもらわなければなりません。例えば、その人自身が持っている課題の解決や、あるいはニーズを満たしてくれる提案だと実感してもらえれば、ポジティブな意向を持ってくれるはずです。

経験の浅い営業パーソンほど、意思決定者の登場人物が1、2人くらいしか見えていません。しかし、経験豊富な営業パーソンなら「他にももっといるはずだ」という嗅覚を持ち合わせています。

そうでなければ、営業で結果を出すこと

2-5　1on1案件攻略ミーティング（テーマ：意思決定ユニット）

テーマ：意思決定ユニット

基本質問	
質問のポイント	質問の例
関係者を明らかにする。	Q この案件の購買者と決裁者は誰になるかな？ Q 権限影響者としてこの案件に承認する人は誰になるかな？ Q 問題意識が強く、組織で変革を推進し、社内で合意形成できる変革影響者はいないのかな？ Q 他に意思決定に影響を与える人は誰になるかな？
関係性を確認する。	Q ○○部長は自社に対して、どのようなスタンスだろうか？　どうしてそう思うの？ Q ○○部長は能動的にこの案件を進めてくれそうかな？　どうしてそう思うの？

はできないからです。

マネジャーは経験の浅いメンバーには図2－5のように「他に影響を与えそうな人はいないか」と確認して、あやふやな返答の場合はメンバーに再度確認させるようにします。メンバーの視野を広げる働きかけをしていくのもマネジャーの大事な役割です。

■顧客ニーズの把握

意思決定者の中でも特に決裁者と決定に与える影響が大きい人が、自社に対してニュートラル以下の状態では、その案件は間違いなく決まりません。

営業が受注するには意思決定ユニット

2-6 1on1案件攻略ミーティング(テーマ:顧客ニーズ)

テーマ:顧客ニーズ

基本質問

質問のポイント	質問の例
お客様のニーズとウォンツを明確にする。	Q ○○部長のニーズとウォンツはそれぞれどのようなものかな? それは誰から確認できたの? Q お客様が今使っている競合品に求めているのはどのようなことかな? Q ○○を推進している○○部長の立場では、君に何を期待していると思う?
お客様のニーズとウォンツについて、その対応を考えさせる。	Q ○○部長のニーズに対して、どのような対応が考えられるかな? Q ○○部長のニーズに対して、これまでに同じような課題を持つお客様にどのような対応をしてきたのかな? Q 過去に経験がないことでいいんだけど、アイデアベースで、○○部長にできることはどのようなことが考えられるかな?

のメンバー全員のニーズを満たす働きかけをしなければ成立しません。そのためには、まず先方のニーズを把握しなければならないので、図2-6のように「どんな課題を抱えているか」「どんなニーズがあるか」「ウォンツは何か」などを丹念に聞き出していきます。

なお、ニーズとは「お客様のありたい姿と現状とのギャップを埋めるために生まれる欲求(目的)」であり、よく間違えられるウォンツは「ニーズを満たすための具体的な製品・サービスに対する欲求(手段)」です。

この違いを理解し、あくまでも先方のニーズに対応できることを施策とする意識を、組織の中で共有していくことがポイントです。

ニーズへの対応を考える際、メンバーには営業とは「お客様に得を説き、得を納めていただく活動」だと認識させましょう。これが本当の「説得と納得」であり、説得とは説き伏せることではなく、お客様にとっての得（価値）を追求することでもあるのです。

「影響要因」への対応・指導

■営業活動へ影響する要因を整理する

お客様のニーズを押さえた上で、それに対する対応策を1つずつ丁寧に打っていくのが次の作業です。

ここでいう影響要因とは、「ゴール目標に向けて営業活動プロセスを進める際、自社に影響を及ぼす様々な要因」を指します。自社にとってのプラス要因・マイナス要因それぞれの視点から、影響要因を見ていきます。手順は次の図2－7の通りです。

2-7　影響要因の手順

- **手順❶ 事実の仕分け**：把握できている事実を「3C」の切り口で多面的に洗い出し、プラス要因とマイナス要因に仕分ける
- **手順❷ 静態情報から収集**：不足している情報は「静態情報」から収集する
- **手順❸ 未入手情報を明記**：必要な情報にも関わらず未入手情報は事実のマイナス要因に明記する
- **手順❹ マイナス要因の対応検討**：マイナス要因の事実に対して対応を1つずつ検討する
- **手順❺ プラス要因の対応検討**：プラス要因の事実に対して対応を1つずつ検討する

　こうして整理したプラス・マイナス要因の事実は、多ければ多いほど打ち手の選択肢が豊富になり、ゴール目標達成の可能性が高まります。優秀な営業パーソンほど、多面的に事実を捉えている傾向が強いのはその理由からです。一方、ハイパフォーマーでない営業は、この影響要因の情報が少ししか出てきません。

　多くの営業パーソンを見てきた中で、ハイパフォーマーはプラスもマイナスもたくさんの項目がスラスラ出てきますが、そうでない人はひねり出してもせいぜい2、3項目くらいです。なぜなら、こうした要因への打ち手を豊富に持っている

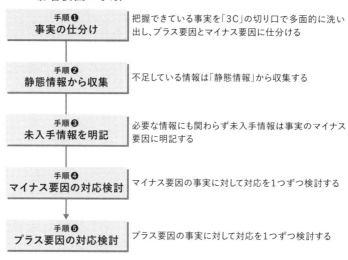

ほど、案件受注できる可能性が高くなるという認識が薄いからです。

この「影響要因」の差が、今後の打ち手の差となって現れ、確実に受注に辿り着けるかどうかの成否を大きく握ってしまいます。そのため、マネジャーはメンバーへの意識醸成とともに、具体的にどのような切り口で影響要因を捉える必要があるのかを指導する必要があります。

私は売れる営業とは「カーナビ」と似ていると思っています。

カーナビは目的地を設定したら、必ずそこに辿り着くように最適なルートを割り出してくれます。途中で事故や渋滞などで行き止まりになってもルートを変更し、必ずゴールに辿り着くように示してくれます。売れない営業ほど、自己都合の細い一本道を進んでいき、そこが行き止まりになったら案件消滅になってしまうのです。

そこで、図2－8のようにプラス要因とマイナス要因を丁寧に洗い出したら、1つずつに対して対応するアクションを具体的に検討します。

自社への影響要因を見る際、特に大事なのはマイナス要因も認識することです。

なぜなら、マイナス要因はリスクの要因そのものになり得るからです。リスクとなる要素も把握できているか、マネジャーは図2－9のように質問しながらメンバーを厳しく見

2-8 影響要因の整理

	事実	対応
プラス要因	①お客様の大型新製品が市場導入される ②事業部長が石田事業部長になって、新製品の早期シェア獲得に向けて積極的に推進されている ③新製品は展示会などでの前評判がとてもよい ④新製品は今までとは異なる新しいポジショニングで失敗できないので、早期に立ち上げを成功させる必然性が高い ⑤競合A社は、お客様の業界での実績が当社よりも少ない	①このタイミングを逃さずに集中して多くの関係者に頻繁にコンタクトをとる ②石田本部長に対して早期シェア獲得につながった他社の成功事例を紹介する ③お客様に許可とって、生の声をまとめて動画に編集しエビデンスにする ④早期立ち上げに失敗するリスクを自社のコンサルティング部門に洗い出してもらい、失敗を回避する情報を関係者に紹介する ⑤お客様の業界での実績を提案書に盛り込んでアピールする
マイナス要因	①新製品は大型の投資をかけたために、想定予算よりも大きくオーバーしている ②中国企業にシェアを取られて収益が落ち込んでいるため予算が厳しい ③島部長は、継続的にパフォーマンスが出せる営業組織づくりを推進している ④蒲生部長と競合A社は過去からの関係性が長く、現在もA社を重視している ⑤専務と競合B社の社長は大学時代からの先輩後輩の中で関係が強い ⑥当社サービスは、競合2社と比べて約1.2倍の価格設定になっている ⑦宇喜多部長は、自社のリサーチ後のコンサルティング体制が不十分だと思っている ⑧お客様の意思決定ユニットが一部しか把握できていない ⑨事業部長の競合に対する印象は把握できていない	①新製品の位置づけの確認と、早期立ち上げが成功するインパクトをマーケティング部長に確認しておく ②コントロールできない ③今回のリサーチを毎年定点観測することで営業組織のビフォー・アフターが見れる提案を実施することを訴える ④競合A社のことを尊重しながらも、蒲生部長のニーズである効果的なマーケティングに繋がる外部と連携して情報を紹介する機会を設ける ⑤ホールディングスの社長が同窓であることを理由に専務との面談の場を設定する ⑥価格に見合う価値をバリューカーブで示す ⑦自社コンサルティング体制を具体的に個人名とプロフィール付きで紹介する資料を大谷課長から伝えてもらう ⑧営業企画部の大谷課長から確認する ⑨営業企画部の大谷課長から確認する

2-9　1on1案件攻略ミーティング（テーマ：影響要因）

テーマ：影響要因

基本質問	
質問のポイント	質問の例
影響要因をプラス、マイナスで抽出する。	Q 現段階でのマイナスの要因（プラス要因）は何が考えられるかな？ Q それはプラス要因かな、それともマイナス要因かな？ Q 他に何か考えられる切り口はないかな？ Q このなかで一番有効なプラス要因は何かな？ Q このなかで一番障害になっているマイナス要因は何かな？
プラス、マイナス要因の各項目の対応策を考えさせる。	Q このマイナス要因を極力抑える対応策はないかな？ Q このプラス要因を有効に活用する対応策はないかな？ Q 関係会社や外部のリソースを使って、何かこのマイナス要因を打開できる対策はないかな？

ていきます。

例えば、「お客様の意思決定ユニットが一部しか把握できてない」「競合先の動きが把握できていない」など、現状取得できていない情報も必ずマイナス要因に明記しておきます。そうすることで、どうすればその要因をプラスに変えられるか、組織で打ち手を考えようとする動きが取れるのです。

「マイルストーン」と「促進活動」の確認・指導

■マイルストーンを設定する

ここまで、「案件を評価する」「ゴール目標を設定する」「そのゴールに向かうために登場する意思決定ユニットを洗い出す」「その登場人物のニーズを整理する」という流れで進んできました。

ここからマネジャーは、設定したゴール目標に対し、営業メンバーがどの位置にいるかを正確に判断しなければなりません。マネジャーが**「目標に対して、現状の案件はどの位置にいるか」**を把握するための指標となるのが「マイルストーン」です。

ここでいうマイルストーンとは、営業活動の進展を促し、誰が見ても進度を判別できる尺度となるもので、お客様の同意を得なければ実施はできない中継地点を指します。

例えば、「役員にプレゼンテーションを実施した」というのは、誰もが進展を認められるものになります。お客様の同意を得なければ実施できませんし、それは役員となると決裁者、あるいはそれに近い存在だと思われるからです。

しかし、「紹介資料をメールで送った」では、相手の同意を得なくてもできるので、相手の意思があるかを判別できません。なので、こうした活動はマイルストーンとはみなしません。

先ほど洗い出した「意思決定ユニットの顧客ニーズ」への対応と、「影響要因」への対応で出した打ち手をゴールから逆算して置いていきます。

また、マイルストーンを設定するには、当然ながらお客様の意思決定プロセスを把握しておかなければなりません。

よくあるパターンとして、「A社はマーケティング課長が申請し、マーケティング部長が承認し、それを役員会にかけて、そこで決定してようやく最終決定になる」というのが意思決定プロセスの一例です。

■促進活動

続いて、マイルストーンを実現するために、具体的な営業活動として「促進活動」を行います。促進活動はマイルストーンと違って、尺度やお客様の合意などの条件はありませんが、確実にマイルストーンを実現するために重要です。

例えば、「製造企画部門と課題形成ワークショップを実施する」というマイルストーンを設定したら、そのために「製造企画部長の情報を代理店から収集する」「他社で似た課題のお客様の事例を紹介する」などの促進活動を設定していきます。

ここでも、「意思決定ユニットの顧客ニーズ」と「影響要因」で出した打ち手を設定していきます。


このように、促進活動は大きく外部活動（お客様に行う具体的なアクション）と、内部活動（社内、もしくは代理店など協力会社に行うアクション）に分かれていきます。

その際にベースになるのが、第1章で見た営業プロセスデザインのフェーズごとのキーアクションです。「自分たちの型」となるプロセスマネジメントを軸に置いた上で、個別のお客様の購買プロセスに合わせた活動をしていきます。また、外部活動、内部活動ともに、誰に、何を、どのように行うのか、マネジャーとメンバーで具体的に決めることも大切です。

促進活動を行う際、よく勘違いされるのが「データや機能など、正確な情報を与えればお客様は喜んでくれる」と考えてしまうことです。

インサイト

顧客は正確な情報が欲しいと思っていると認識していたが、実は「共感や安心感」が購入決定の大きな要因だったんだ！

特にＢｔｏＢの領域では、「この企業なら信頼できる」と感じるところまで促進活動をすることが、購入の決め手へとつながっていくのです。

案件攻略検討会

ここまで見てきた案件攻略の7ステップを、マネジャーはメンバーに自律的に進めてもらえるように育成・指導しなければなりません。

その一環として、案件攻略検討会を行うのも有効な手段です。

案件攻略検討会を行う目的は、担当者だけでは気づかない視点をチームで検討できたり、打ち手のバリエーションを広げたりできるからです。マネジャーはファシリテーターとなり、「Aさんの案件は現状がこうなのですが、今後の打ち手として何をすべきか、アイデアはありますか」などと進めます。

もう1つの目的として、営業メンバー本人に自身の営業活動を宣言させる意味があります。宣言をすることで、具体的な行動への動機づけにつながります。

案件攻略検討会を行う際、次のようにいくつかのルールがあります。

■案件攻略検討会のルール

基本ルール：未来志向で話すこと

ルール①責めない（欠点指摘はしない）

ルール②マネジャーが対応策の答えを言わない

ルール③全員が積極的に意見をぶつける

ルール④いつまでに、誰が、何を、どうするのかを具体化する

ルール⑤決めたことは確実に実行する
ルール⑥実行した結果は、次に開催する検討会の冒頭で共有する

例えば案件を検討する際、これからどのように活動すれば、設定したゴール目標を実現できるのかを議論する「未来志向」で臨むことが大切です。また、過去の成績や個人的な欠点などを取り上げ、案件が進展しない理由を話し合う場ではないなどとルールを決めることで、より建設的な議論が行えるようになるはずです。

こうしてチームで案件を検討していくと、受注する確率は見違えるようになっていくのです。

具体的な進め方は、「案件攻略の7ステップ」の流れにしたがって、図2-10のようにマネジャーがファシリテーターとして進めていきます。1案件あたり40分ほどかかりますが、月1回でも代表となる案件を決めて、メンバー全員で検討していくことで、個々の案件にも自律して活動できる視点が育まれます。

2-10　案件攻略検討会の進め方

オープニング	▶案件攻略検討会の意義・進め方の確認
案件評価・ゴール目標の設定	▶顧客概要について共有 ▶案件評価の確認・検討 ▶ゴール目標の確認・検討
意思決定ユニットの分析	▶関係者・関係性の確認 ▶対応策の検討
顧客ニーズの分析	▶ニーズ・ウォンツの確認 ▶対応策の検討
影響要因の分析	▶プラス要因とマイナス要因の確認 ▶対応策の検討
マイルストーン・促進活動の立案	▶マイルストーンを設定 ▶マイルストーンを達成するための促進活動を設定
クロージング	▶発表者に期待していることを伝える

まとめ

・顧客マネジメントとは、「営業チームにとって特に重要な顧客企業に対し、ビジネス上の課題を共有し、解決策を提案し続ける。その結果として、顧客エンゲージメントを長期に発展させ、発生する案件を確実に受注につなげていくための手法」のこと

・顧客マネジメントの結果として、顧客エンゲージメントを長期に発展させる戦略的営業を行い、その顧客から発生する案件を確実に受注につなげていく

・案件攻略には「案件評価」から「促進活動」まで7つのステップがある

第3章 人材マネジメント

松下電器は人をつくるところでございます。併せて電気製品もつくっております。

松下幸之助（松下電器産業の創業者）

人材マネジメントが難しくなった原因

現代の営業マネジメントが直面する状況は、マネジャーに大きな苦悩をもたらしています。この苦悩をもたらす課題は、大きく「ビジネス環境の変化」「慢性的な人材不足」「価値観の変化」の3つに整理できます。

①ビジネス環境の変化

デジタル化以降、**顧客の購買プロセス**は大きく変化し、顧客は目的が明確な場面でのみ営業と接触する傾向が強まりました。そのため、信頼関係を構築するための従来の手法が通用しづらくなっています。

こうした従来からの苦悩に加えて、近年はコロナ禍による営業活動の変化も見過ごせません。かつての営業現場には不要不急の面会が存在しましたが、2020年以降からは、お客様も本当に必要なときにしか相談しなくなり、明確な目的がない限り、営業パーソンとのコミュニケーションの場が少なくなりました。

こうしたお客様と対峙する場は、経験の浅いメンバーにとっては上司から営業の基本を学ぶ絶好の機会でしたが、現在ではその場も失われつつあります。

さらに、営業スタイルが年々変化し、デジタルツールや新しい営業手法が普及する中で、**マネジャー自身がプレイヤー時代に培った経験則だけでは適切な指導が困難**になっています。例えば、顧客がデジタルチャネルを活用する割合が高まる中で、対面営業を前提とした経験が十分に生かされないケースが増えています。

②慢性的な人材不足

人手不足により、マネジャー自身が現場のプレイヤーとして活動する比率が高まっています。この状況は、マネジメント業務と現場業務のバランスを取ることを極めて難しくしています。

本来、マネジャーはメンバーの育成や戦略立案に注力すべき役割ですが、現場の業務量が増えることで、これらの重要な役割が後回しになりがちです。その結果、いくつかの問題が生じています。

・育成機会の減少…マネジャーが直接指導やフィードバックを行う時間が不足し、若手社員を成長するための環境が整わない。
・戦略的思考の欠如…日々の業務に追われることで、長期的な視点での戦略立案や組織全体の方向性を考える余裕がない。
・疲弊とパフォーマンス低下…過重労働によりマネジャー自身が疲弊し、結果として自身のパフォーマンスや判断力が低下する。

さらに、ベテラン営業の退職や転職による人材流出により、**経験豊富な営業担当者が減少し、若手が参考にできる成功事例や具体的な営業スタイルを学ぶ機会が限られています。**仮に、ロールモデル人材が存在していても、前述の通りマネジャー自身が育成や指導に割く時間が不足しているので、そのスキルや知見が組織全体に共有されにくい状況でもあります。

③価値観の変化

若手社員を一括りにすることは危険ですが、あえて傾向として捉えるなら、現在の若手はかつての世代と比べて多様な価値観を持っています。

例えば、仕事における目標やモチベーションの違いが顕著です。従来は金銭的な報酬や昇進がモチベーションの中心でしたが、**現在の若手は「仕事のやりがい」や「自己成長」「社会貢献」といった内面的な報酬を重視する傾向があります。**

また、働き方に関しても柔軟性を求める声が多く、リモートワークやフレックスタイム制度など、個人のライフスタイルに合わせた環境を望む意識が高まっています。

ここで挙げた以外にも、人材マネジメントを難しくする要因は数多く存在します。これらの変化を踏まえ、営業組織における人材マネジメントは、従来の方法論では対応できない局面に突入していると言えます。価値観や世代間の違いを理解し、個別のニーズに応じた柔軟なマネジメント手法が求められる時代なのです。

こうした背景からも必要になるのが「人材マネジメント」です。

人材マネジメントとは何か

■2つの「じりつ」を促す

「人材マネジメント」について、本書では次のように定義しています。

> 営業目標の達成を目指し、個々の営業パーソンの能力を最大限に引き出しながら、エンゲージメントを高め、チーム全体を効果的に指導・支援する手法。

これをもう少し具体的に表現すると、次のようになります。

・メンバー1人ひとりの価値観と、営業を通じた仕事の〝よろこび〟を同期する
・メンバー1人ひとりと向き合い、個々の成功にコミットすることで成果を最大化する
・メンバー1人ひとりと向き合い、エンゲージメントを高い状態にする
・メンバー1人ひとりと向き合い、伴走しながら各人が持つ可能性を最大限に引き出す

人材育成におけるゴールとは、**「メンバーそれぞれの自立と自律が確立されること」**です。この2つの「じりつ」があってこそ、組織を効率的かつ創造的に機能させられます。

例えばサッカーの世界では、監督は試合前に戦術を伝えることはできますが、いざ試合が始まってしまえば、ピッチに立つ選手が戦況を踏まえ、いかに自分が動けば勝てるのか、適切な判断をしながら試合運びをしていきます。営業組織も同じように、メンバーそれぞれが自立的、自律的に活動ができれば、マネジャーは手取り足取り指導する必要もなくなるのです。

自立は「自分で立つ」という成り立ちのように、**「他からの助けを必要とせず、自分1人の力で物事を行うこと」**です。また、自律は「自分で律する」という成り立ちのように、**「自らの『律（規範・ルール）』を持ち、それに基づいて評価し判断し、行動できる」**を意味します。つまり、これまでも強調してきた「基準」をもった活動にもつながります。

順番としてはまず「自立」があり、それが成り立った上で「自律」が形成されていきます。子どもの成長においても、まずは「自分のことは自分でできる」という「自立」の段階があり、その次に「節度を守って遊ぶ」といった、自分を律して行動できるかどうかの「自律」の段階があるのと同じです。

営業現場で言えば、まずは所属する部署の業務をスタートからゴールまで自己完結できることが「自立」を表します。業務を進めていく上での方法（＝ＨＯＷ）を習得していきます。具体的には「お客様のところに１人で行ける」「提案書を１人で作れる」などが自立にあたります。

この自立をベースにして、意識やマインドセットの面からも「自律」を目指します。仕事上では目的や目標を自ら設定できること（＝ＷＨＡＴ）、そして、その仕事の意義や価値を自ら見出せること（＝ＷＨＹ）を表し、これが自律となります。

例えば、人から言われなくても「お客様を成功に導くために、２年後にはコンサルティング営業ができるように学習と経験を繰り返す」と自分のありたい姿に向かって進もうとする覚悟を持てること。また、「新規開拓を命じられたけど、自分の控えめな性格を変えるチャンスかもしれないから頑張ろう」と、たとえ人から言われた仕事でも、その中からやりがいを見つけて自分が設定した目的や目標に結び付けられたりすること。

こうした自律心が育っていけば、前向きで主体的に仕事に向かうことができるのです。マネジャーは人材マネジメントにおいて、メンバー１人ひとりに対し「２つのじりつ」を促す関わり方をする必要性を本書では推奨します。

■ハイパフォーマーは1日にしてならず

先ほどサッカーの例を出しましたが、営業パーソンも給料をもらう以上、プロとして高い目標を達成しなければいけません。一方、社会に出て営業職に就いた若手社員に対して、ベテランと同じように一律で高い目標を求めるのはあまり現実的ではありません。

そこで大事なのは、**「あるべき姿を中長期の視点から逆算し、確実にその階段を上がっていけるよう育成体系に基づいて計画的に育てること」**です。営業パーソンにおいては、成果への影響が強く出やすい要件を明確に設定し、確実に登れるラダー（階段）を設けて、中長期的に人材開発していくのが理想的です。

営業のあるべき姿として参考にするのが、次の図3－1に示した「成熟度モデル」です。これは業界や企業によって表現は異なるので、自社が理想とする営業パーソンの成熟度に合わせて階層別に分け、それぞれの能力を定義づけていきます。

近年、当社のクライアントから「我が社がこれから勝ち残るためには、『○○型の営業』

3-1　営業パーソンの「成熟度モデル」

Level	成熟度	養成すべき能力
Level 5 Expert Level	**インサイト型営業レベル** お客様のビジネスモデルを分析し、お客様の潜在ニーズに働きかけ、視点を変える事業成果への最適な貢献提案をすることができる	・顧客ビジネスの知識深化 ・顧客の視点を変える提案力 ・大規模なビジネス戦略の立案
Level 4 Advanced Level	**ソリューション型営業レベル** お客様の事業課題とマッチングさせたソリューションを構築でき、顧客ロイヤリティを獲得することができる	・アカウント戦略の策定 ・複雑な商談の交渉能力 ・顧客との長期的な関係構築力
Level 3 Intermediate Level	**課題共有型営業レベル** お客様のニーズを的確に把握し、最適な情報を提供することができる	・プロアクティブに対応できる能力 ・営業プロセス上のキーアクション遂行 ・提案力と交渉スキルの向上
Level 2 Beginner Level	**要求対応型営業レベル** お客様の表面化した要望に対して製品提供価値をしっかりと伝えることができる	・リアクティブに対応できる能力 ・基本的な営業スキルの獲得 ・営業プロセスの遂行
Level 1 Entry Level	**社会人・営業人基礎レベル** お客様との面談において好感をもって接することができる	・製品やサービスの基本的な理解 ・営業プロセスの理解 ・コミュニケーション能力の構築

スタイルに転換しなければ、顧客から選ばれない。だから、営業変革をしたい」などという要望を受ける機会が増えています。しかし、成熟度レベルが1や2の人に、例えば「インサイト営業」を要求しても、すぐにできることではありません。ちなみにインサイト営業とは、顧客が自覚していない課題や潜在的なニーズに焦点を当てるだけでなく、顧客の常識を覆すほどのインパクトある価値提案を通じて信頼関係を構築し、成果を生み出す営業手法です。

これを全員ができるようになるという状況は簡単なことではありません。だからこそ、営業マネジャーはメンバー個々の成熟度を理解した上で、中長期の段階的な育成計画を立て、成熟度に応じた関わりをする必要があるのです。

■営業パーソンを「じりつ」につなげるために

営業パーソン向けのスキルトレーニングを実施する際、クライアントから「センスで結果を出し続ける人にも、営業スキルを教える必要はあるのか」と聞かれることがあります。

個人的には、センスだけで結果を出す営業は最強だと思っていますが、会社側がそのような考えを取り入れると悪い結果しか生み出さないという状況をたくさん目にしてきました。属人化を加速させるからです。

また、センスだけでやっていた人は、マネジャーになるとメンバーの指導がうまくできず、必ず壁にぶちあたります。

営業職に限らず、「センスで継続的に結果を出せる人」はどんな仕事でも成功できる最強のビジネスパーソンと言えるでしょう。しかし、多くの営業パーソンはセンスだけに頼るのは難しく、再現性をもって成功の確率を高めるスキルの習得が欠かせません。

では、センスだけで仕事が成立しない私たちはどうすればいいのか。そこで必要になるのが、人材マネジメントでカギになる「2つのじりつ」を促すことです。


「2つのじりつ」を促す際には「守・破・離」の考え方がヒントになります。

「守・破・離」は諸説ありますが、茶道の千利休は『利休道歌』に、剣豪の宮本武蔵は『五輪書』に、能楽の世阿弥は『風姿花伝』にも記している重要な教えです。

まず師匠や伝統の教えを忠実に守り、基本の型を徹底的に習得する「守」の段階。その次に、基本を習得した上で新しい試みや工夫を加え、基本となる型を発展させていく「破」の段階。そして最終的には、自分独自の道を見出し、型から完全に自由になる「離」

の段階。それが道を究める術だという考えです。

営業でいう「守」とは、体系化された営業の型のことです。型がなければ、属人的かつ独学の方法でしか人に教えることはできません。

労働人口が減少し、少数精鋭の組織が増えた今では、成果を出せる人の比率を上げなければなりません。しかも、育成に時間をかけずハイパフォーマーを生み出すには、やはり体系化した指導育成が必要です。そこで「守・破・離」のうちの「守」に当たる、誰でも再現性をもって成功確率を高める営業の型を構築する重要性がますます高まっているのです。

そして、高いスキルを持つ人だけがトップセールスになるのではありません。営業の型を身につけ、上司や同僚とオープンに相談しながら学び続ける人が成果を出していくのです。マネジャーはこのような考えでメンバーを育てなければなりません。

メンバーの意欲を高める

人材マネジメントを行う前提として、メンバー自身が意欲的に活動し、チーム全体で成果を出すという意識が必要です。

しかし調査によると、日本には「熱意あふれる社員」の割合は6％しかいないと言われます（米ギャラップ社のエンゲージメント調査、2023年）。調査した139か国の中でも、残念ながら最も低いという結果です。この調査は全職種が対象でしたが、営業職でも同様なのは想像に難くありません。

しかし、同じ会社内でもあっても部署が違ったり、チームが別だったりすると、個々のメンバーの意欲や組織内の雰囲気に大きな違いが生まれたりします。その差は何かを観察すると、組織・チームを束ねるマネジャーの存在によるところが大きいことがわかります。

■自己決定が意欲につながる

人間は「自分で決めたことをやるとき」に、もっとも高いパフォーマンスを発揮するこ

3-2　人の動機づけと行動のメカニズム

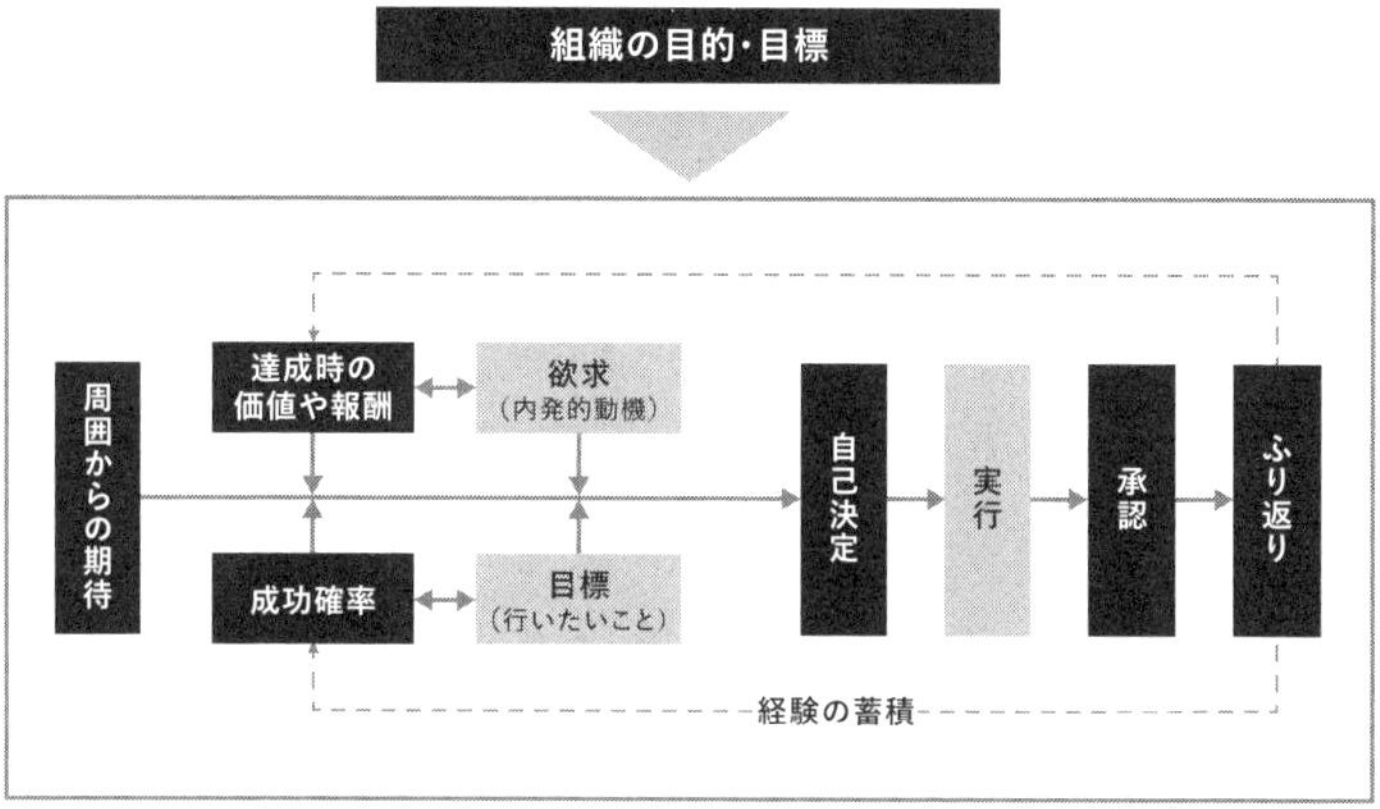

出所：「期待理論」ポーター＆ローラーに加筆

とができると言われています。

学生時代を思い出してみると、親や先生から言われたことはなかなかその気にならなかったはずです。なのに、自分で決めた文化祭のネタは夢中になって取り組み、自分で決めた志望校なら必死で勉強したはずです。その理由は、「自分が本当にやりたいことだから」というのと、もう1つは「自分で決めた手前、手を抜けない」と感じるからです。

人に決められたものは、「私が決めたわけじゃない」という言い訳を自分に用意してしまいます。しかし、自分で決めたらそうはいきません。自分で決めた以上はやり抜くしかないという責任感が出てきます。

営業の仕事も同じことが言えます。**自分で決めて実行し、それを承認されることで達成感を得て、それが自信となり、次なる自己決定への意欲につながります。**このサイクルを回すことで、主体性が高まっていくのです。

では、どうすればメンバーの自己決定につなげていけば良いのでしょうか。

人の動機づけと行動のメカニズムを研究した古典的ですが、普遍的な考え方でもある「期待理論」(ポーター&ブルーム)でわかりやすく解説しています。

■「心の報酬」を用意する

メンバーが自己決定するには、「周囲からの期待」がベースになります。

そのため、マネジャーはメンバー1人ひとりに「私たちのチーム成果は、あなたの活動によって大きく変わります」と伝えていきます。その際には会社からの期待を一方的に伝えるのではなく、個々のメンバーの成熟度や考え方、性格を踏まえた上で伝えるのがポイントです。

そして、メンバーが自己決定する際には、**「達成したときにどんな価値や報酬が生まれるのか」**を本人がイメージできるように伝えるのもマネジャーの役割です。ここで言う報酬は金銭的なものよりも、むしろ**「心の報酬」**の方が強い「内発的動機」につながります。「心の報酬」は人それぞれですが、これまでたくさんの営業パーソンと関わりを持ってきましたが、次の4つに集約されてます。メンバーはこれらの心の報酬をイメージできると、自己決定しやすくなります。

①目標数字を達成すること
②お客様から感謝されること
③周囲から承認・賞賛されること
④自己成長を実感できること

次に重要なのは、「成功確率」です。

どれだけ崇高なことを述べても、行動する本人が「やっても無理」と思っていては、表面的にはやる気があるように見えても、本気で実現しようとする行動にはつながらないケースがほとんどです。

そのため、マネジャーは**メンバーの成熟度を見極めて、背伸びすれば何とか届く「ストレッチした目標」を握る**ことも必要です。

そして、メンバーが自己決定して実行したことに対し、マネジャーは正しい自己決定であれば承認をします。ここでの承認は成果だけでなく、プロセスそのものを認めることを指しています。

「ここ最近の提案書の精度が上がっている」とか、「お客様の話をよく聞いて理解に努めた結果だと思う」などと、過程を認めることでメンバーは「日々の業務を見てくれている」と思うことができるようになるのです。

すると、「自分で決めて、自分で行動していいのだ」と自己肯定の思いが強まり、さらに主体的に行動できる好循環につながります。

マネジャーとして、まずはメンバーがやるべきことをし尽くしたかどうかを振り返り、できたことに対して認めてあげる声かけを行いましょう。

そして、成果が出た際には、「あなたのおかげでお客様に価値提供できた」といった承認の言葉を伝えます。その言葉によって、周囲からの賞賛も引き出していくのです。

最後には、やってみてどうだったのかを「振り返る」ことで、うまくいったことが経験に蓄積され、さらなる達成時の価値や報酬につながります。その結果、成功確率が高まり、次なる目標設定によって確実な成長を実感するに至ります。

このサイクルが回っていくような関わり方を、マネジャー自らがメンバーに働きかけていくのと同時に、メンバー同士がお互いに賞賛し合うように他のメンバーにも促していくことが大切です。

メンバーの成長を促す

営業マネジャーはメンバーに関わる前提として、人の心理と行動のメカニズムを理解した上で個々に向き合わなければうまくいきません。ここでは2つご紹介します。

■ピグマリオン効果

メンバーの成長を促すには、マネジャーとして期待を表明することが欠かせません。

人間には**「他者から期待されると、その期待に沿った成果を出す傾向にある」**という特性があります。これを「ピグマリオン効果」といいます。

ピグマリオン効果は、アメリカの教育心理学者ロバート・ローゼンタールが１９６４年に実施した実験で発見されたと言われています。

この実験は、ある小学校で子どもたちに知能テストを受けさせる形で行われました。テストの結果とは関係なく、無作為に数人の子どもを選出し、その名簿を「これは今後成績が上がる生徒のリストです」と担任の先生に渡しました。

ランダムに選び出した子どもを、「伸びしろのある子ども」と担任の先生に思わせたのです。その後、伸びしろがあると伝えられた子どもたちは、ランダムに選ばれたにもかかわらず、他の子どもよりも成績が格段にアップしました。

この実験結果をまとめた論文では、先生が伸びしろがあると信じ込んだ子どもに対して、期待を持って接したことが成績アップの要因につながったとされています。

反対に、教師が「この生徒には能力がない」と決めつけてしまえば、その生徒の成績・

能力が下がってしまう可能性が高く、こうした現象はピグマリオン効果とは反対に「ゴーレム効果」といいます。

これを営業に当てはめると、マネジャーは常にメンバーの可能性を信じるスタンスでいることが大事です。過去の経歴やこれまでの実績から「彼には期待してもムダ」と決めつけてしまえば、無意識にそうした思いのまま接するようになり、本人も可能性にふたをした状態になるだけでしょう。マネジャーは誰に対しても、伸びしろが必ずあると信じて接することが必要なのです。

■ストローク

マネジャーはメンバーに期待をかけるだけでなく、ストロークに気をつかっていくことも大切です。

心理学でストロークとは**「他者の存在を認識するすべての行為」**を指します。ストロークにより**「あなたがそこに存在していることを、私は認識している」**ことを相手に表明する行為をしていきます。

簡単なもので言えば、挨拶や何気ない声かけも大事なストロークです。ストロークは、人が心理的に健康であるために必要な「心の栄養」とも言えます。ストロークはマネジャー対メンバーだけでなく、メンバー同士でのコミュニケーションが頻繁に交わされることで、自分の存在を認められていると感じ、仕事に対する意欲も高まっていくのです。

人材育成とは、単に業務に必要なことだけを教えればいいものではありません。時には社会人としての振る舞いから、人間関係構築のコツまで教えるのも上司の役割の1つです。しかし、上司側に余裕がなかったり、若手が指導を望んでいなかったりするからと業務の指示だけに留めていると、ストローク不足になってしまいます。

特に昨今はリモートワークが急増し、このストロークが不足している組織が急増しています。ストロークが不足すると、「ストローク飢餓」の状態になり、孤独感や疎外感を感じ、自己肯定感も低下します。そうすると、承認欲求が増大し、変に目立とうとする不適応な行動が出てきたりするので注意が必要です。

■経験学習サイクルを回す

また、アメリカの教育学者デイヴィッド・コルブが行ったビジネスパーソンの成長について行われた研究では、**「経験→省察→概念化→試行」**の「経験学習サイクル」を回せる人が成長しやすいという結果も見られます。

【Step1】経験：自ら具体的な経験をし、気づきを得る
【Step2】省察：経験を多様な観点から振り返る
【Step3】概念化：他の人やケースでも応用できるように概念化・持論化する
【Step4】試行：新しい場面で実際に試してみる、自ら仮説をもって試行する

これまでに何万人もの営業パーソンを見てきて強く実感するのですが、**継続的に成果を上げ続けているハイパフォーマーや早くから営業マネジャーになった人には、共通してこの経験学習サイクルをスピーディに回し、成長につながる自分の糧を自ら創り出しています。**営業マネジャーと1on1コーチングをさせていただく際にも、必ず省察と概念化の問いかけをすると、優秀な営業は共通して明確に〝持論〟を導き出しています。

経験学習サイクルを営業の文脈で見ると、例えば次のようになります。

【Step1】はじめての商談（経験）

営業パーソンが新規の見込み顧客と商談を行い、会社で学んだ自社製品・サービスの特徴と利点について他社での成功事例を交えてストーリーとしてプレゼンテーションしましたが、担当者が社内で説得できず受注には至りませんでした。

【Step2】商談後の振り返り（省察）

商談を振り返ると、お客様が真に求めていた価値やニーズを十分に把握していなかったから、組織としての導入必然性が薄いものにしかならなかったと認識するに至りました。

【Step3】新しい提案手法の考案（概念化）

この反省を基に、お客様が口にする表面的に〝欲しいもの〟だけではなく、お客様の企業の事業課題に関連する「実現したいこと」に焦点を当てることで、意思決定ユニットの納得感を醸成する内容と、具体的な導入効果を示すデータや事例を盛り込んだ提案を行うべきだと考えます。

【Step4】改善した商談アプローチの実践（試行）

次の商談では、お客様の事業課題に紐づく導入効果を具体的な数値データを用いた説明を重点的に行うことで受注に至りました。これによって、「ＢｔｏＢでは、お客様の事業課題にいかに影響し、かつ、どのように経済合理性に影響するのかを明確にしないと、意思決定されにくい」という概念化がやはり間違いないという確信を得るに至りました。

このことから、マネジャーは、メンバーが「省察」「概念化」できるような支援ができるよう関わっていくことが大切です。これを業務支援に対して「内省支援」と呼びます。

例えば「なぜそう思うのか」「もう一度アプローチをやり直せるとしたら、どこを変えるのか」などと省察できるように問いかけ、「何が要因だったのか」「他でも応用できるとしたら何ができるか」と概念化につなげていきます。

あるべき営業像に導く関わり

■メンバーの育成課題を把握する

マネジャーがどれだけいいことを言っても、個々のメンバーにとって本当に有益な言葉かどうかはわかりません。大勢の人に等しく響く名言や至言はなかなかないものです。そのため、仏教では「対機説法」の重要性が説かれます。対機説法とは、相手の能力や状況、性質などに応じた教えを説くことです。

お釈迦様でも相手に応じて言うべきことを変えるわけですから、私たちも声かけや関わり方は、その人に合わせたものにすべきでしょう。そのためにはマネジャーは、メンバー1人ひとりの育成課題を把握しておかなければいけません。

育成課題を把握する際、私たちは次のような切り口を用います。この図3－3は営業活動を2つの大要素、7つの小要素に分解したものです。これら項目を参考にして、メンバーのどこに課題があるのかを見極めていきます。

3-3　メンバーの育成課題

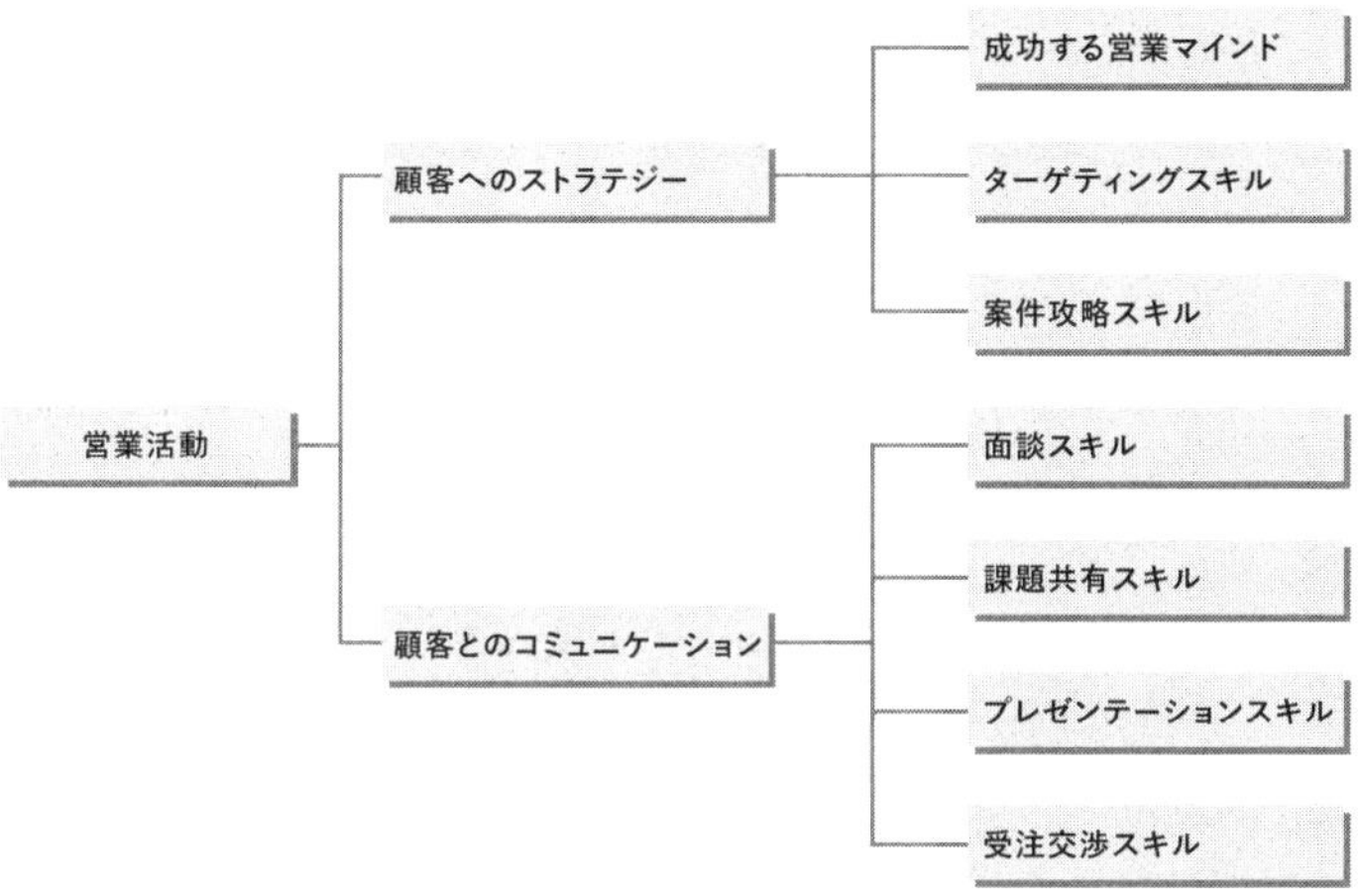

■ティーチングとコーチングを使い分ける

成果につながる育成支援を行う際には、コーチングとティーチングを適宜使い分ける必要があります。

ティーチングとは「教え導く指導」のことですが、コーチングは**「相手の行動変容を促したり、相手の良いところを引き出したりする」**ことが目的です。

そもそもコーチとは馬車が語源で、「目的地まで導いてくれるもの」という意味があります。ティーチングが教えることを目的としているのに対して、コーチングは相手に考えさせながら気づかせ、導いていくことが目的になります。

マネジャーという役職は時に教師であり、時にコーチであることが求められるのです。

ティーチングとコーチングの配分については、メンバーの成熟度によって変わってきます。図3－1（成熟度の図表）の場合、エントリーレベルからレベル2まではティーチングの比重が大きくなり、レベル2の途中からレベル5がコーチング中心になっていきます。

■営業におけるコーチングの注意点

営業として基礎が身に着いたレベルになれば、そのメンバーはコーチングを受け入れる素地ができたと言えます。ビジネスの基本が組織の中で共有されていれば、話が噛み合い、メンバーの気づきを促すことも可能です。

ただし、一般的なコーチングと、営業におけるコーチング（セールスコーチング）は少し異なることを認識する必要があります。

一般的なコーチングは、「答えはすべてその人の中にある」と考えますが、営業組織におけるメンバー育成ではこの原則はそのままでは成立しません。なぜなら、営業活動には明確に「体系的にこうあるべき」という理想の状態があるからです。

セールスコーチングが対象とするのは、メンバー個々のキャリアビジョンというよりも、具体的な営業パフォーマンスを高めるための能力開発と、そのための行動にフォーカスを当てます。

セールスコーチングでは、主に前述した7つの「メンバーの育成課題」に対し、足りない点を客観的に把握し、評価をしていきます。そこでの評価をもとに、マネジャーは現状とのギャップを認識し、そのギャップを埋めるために何が必要かを気づかせるような関わりが営業におけるコーチングの全体像です。

もちろん、ティーチングにしろ、コーチングにしろ、実効性を上げるにはメンバーとマネジャーの間に信頼関係があることが前提です。反対に、コーチングが機能しない理由は、マネジャーとメンバーの間の信頼関係が希薄だからです。

信頼関係ができていれば、「上司は自分を良くしようとしている」と感じ、聞く耳を持ってくれるはずです。前述のストロークが重要な理由も、メンバーとの信頼関係の構築にあります。

その意味では、マネジャーにはメンバーをかけがえのない一個人として尊重する人格を持ち合わせていなければ務まらない役割と言えます。

なお、第2章「顧客マネジメント」で見たマネジャーの関わりは、個別の案件をどのように進めていくのかという関わりのため、セールスコーチングとはまた異なるものと認識してください。「人材マネジメント」で焦点をあてるのは、営業として成果につながる行動をしていく中で、その行動が狙った通りの質で再現性を伴ってできるようになる「能力開発」になります。

■クエスチョンとリスニング

セールスコーチングにおいて、営業マネジャーには「あるべき姿」とメンバー個々の「現状とのギャップ」を正確に把握し、そのギャップを埋めるための適切なアプローチを考え、実践できる力が求められます。かつ、それをメンバー自身が理解し、納得した上で行動を変えていくことが不可欠です。

そのために重要なのが、「クエスチョン」「リスニング」「フィードバック」「フィードフォワード」の4つの要素です。これらを駆使することで、マネジャーは単に指導するだけでなく、メンバーが自ら課題を認識し、納得して行動を変えていけるようサポートすることができます。こうしたプロセスを通じて、持続的な成長を促すセールスコーチングが実現されます。

まずクエスチョンでは、例えば「初回面談でのお客様との対話はどうあるべきだと思うのか」「実際に先ほどの面談を振り返ってみて、自分自身でどうだったと思うか」などと部下に投げかけます。

ここでは、まずメンバーに考えさせることが重要です。そのためにも、いきなりフィードバックから入らずに、クエスチョンで相手の考えを深堀していくことが重要です。

特に、前述した「経験学習サイクル」を意識して、省察と概念化につながるクエスチョンを取り入れると効果的です。

すると、相手から何かしらメンバーから返答があるので、それをしっかりとリスニングします。「へぇ、そうなんだ」「そっか、そんなことまで考えていたんだ、大変だったね」と相手に共感を示しながらさらに深く聞いていくことで、メンバーの価値観や仕事観を理解していきます。

インサイト

リスニングとは、相手の話をしっかり聞くことだと思っていたが、実は「相手が真剣に自分のことを聞いてくれている」と感じてもらうことだったんだ！

■フィードバックとフィードフォワード

クエスチョンとリスニングで相手の考えを理解できたら、その内容についてマネジャーとしてどう思うか、「メンバーの考えと行動」に焦点を当て、先に良かった点を伝えて、その次に今後に向けた改善点を伝えていきます。これが「フィードバック」です。

例えば、「それはとてもいいと思うよ」「君の能力ならもっとこうしたこともできたと思うよ」などと、すでに起こった出来事についての認識や評価を伝えていきます。こうしたフィードバックが適切にできると、メンバーが内省を行う際、自身のありたい姿とのギャップを客観的に把握することができます。

我々もクライアントの営業会議に参加する機会がありますが、最近特に目につくのは

「フィードバックができないマネジャーが多い」ことです。

俳句の世界で著名な夏井いつき先生がとあるテレビ番組で話されていたのは、**「俳句はセンスや感覚という側面もあるが、基本的には技術である」**とおっしゃっていました。

夏井先生が様々な俳句の成熟度が異なる人に対して、的確かつ瞬時にフィードバックができるのは、俳句のあるべき姿と体系的な技術が明確にあるからだと言えます。一方で、営業の世界におけるマネジャーはどうでしょうか。

フィードバックがうまくできないのは、あるべき姿とメンバーの現状の状態を正しく把握できていないということの表れです。マネジャーがフィードバックをうまくできないと、そのチームがどうなるのかを示したのが次の図3－4です。

ここで必要なのは、メンバーを褒めるばかりでなく、「高い目標、ゴールに向かうためにはまだ不十分だと思うけれど、どうだろうか」など、「ありたい姿」に対する「現在の状況」との乖離について伝えていきます。

3-4　フィードバックの問題点

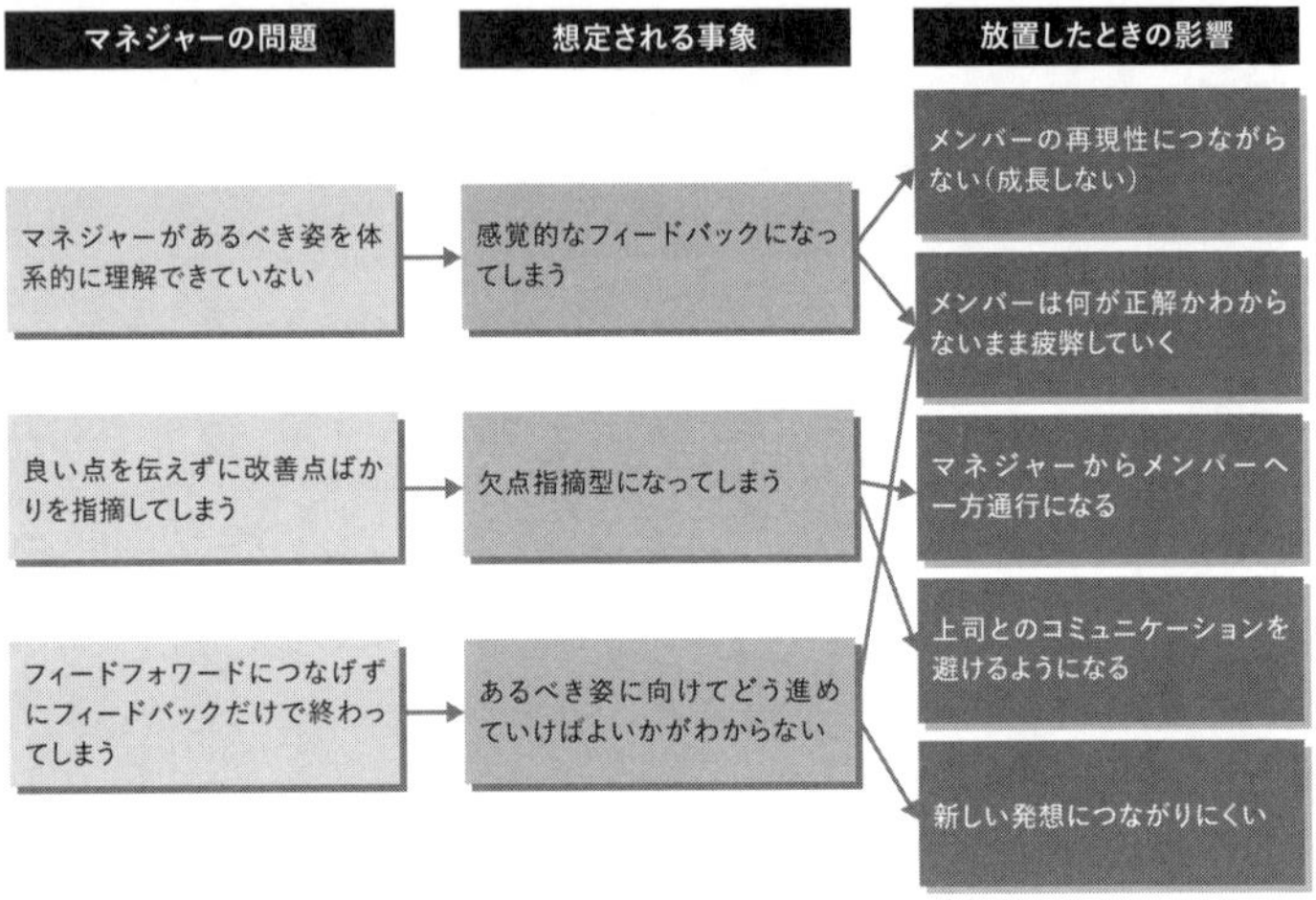

■フィードバックの例

先に良かった点を具体的に伝えます。

その後に、以下のように改善点を伝えます。

「お客様の状況を繰り返し聞いていくだけでは、お客様からすれば、自分の認識していることを君に教えているだけ、という不毛さを感じるのではないか。それについてはどう思うだろうか」

「シェアアップを目指すことも素晴らしいけど、既存顧客とどのような関係になったらシェアが上がるかが明確になっていないと思うのだが、どうだろうか」

「お客様の事業課題に関連する話については深掘りが弱かったので、お客様の潜在ニーズを顕在化させるのが難しかったね」

例えば、このようなフィードバックをメンバーに理解と納得してもらったら、次はフィードフォワードです。フィードフォワードとは、「未来への働きかけを重視し、あるべき姿やありたい姿に向けての対策の方向性を見出し、それに対して意識的にアクションできるように促すこと」です。

■フィードフォワードの例

「毎週の1on1ミーティングで次回までに何をするか決めてPDCAを回していこうよ。そうすれば、1人ではなく一緒に進めている感覚が持てると思うんだ」

「お客様との事業課題に関する対話を深めるために、面談のシミュレーションを一緒にすることもできるけれど、他にやりたいことはあるかな」

これらの例のように、フィードフォワードでは将来の目標達成のために、これから何ができるのか、一回り大きな自分やチームを目指すことを重視します。

そのため、自発的に取り組む姿勢を促すことが大事です。目標達成のためには何が必要か、組織の中で求められることは何かという観点で論理的に考えると、チームへの貢献意欲につながりやすく、より効果的な対話が得られます。

こうしたフィードバックに加えて、フィードフォワードを行うことで、未来のありたい姿についてマネジャーとメンバーが一緒に考えるようになり、仕事に対して前向きに取り組めるようになります。

セールスコーチングの目的は、「コーチングを受けるメンバーが、体系化されたあるべき状態に対して自身の営業活動上の課題に気づき、自発的に能力開発に向けて行動変容する」ことなのです。

まとめ

・人材マネジメントとは「営業目標の達成を目指し、個々の営業パーソンの能力を最大限に引き出しながら、エンゲージメントを高め、チーム全体を効果的に指導・支援する手法」のこと

・人材育成において大事なのは、「あるべき姿を中長期の視点から逆算し、確実にその階段を上っていけるよう体系的に育てること」

・メンバーを育成する際、自分で決めて実行させ、それを承認されることで達成感を得て、それが自信となり、次なる自己決定への意欲につながっていく

第4章 市場マネジメント

市場の中で成功するには、すべての顧客を狙うのではなく、最も価値のある顧客を見つけ、彼らの期待を超えることだ。

フィリップ・コトラー（経営学者）

戦略を上から下に落とすだけのミドルマネジャー

どんな営業チームにも共通していることがあります。

それは、戦力（リソース）は限りがあるということです。そして、もう1つ共通するのは**営業マネジャーは「売り先」「売り物」「売り方」の最適な組み合せを見出し、限られたリソースを最大限に活かし、高い成果を出し続けなければならない**ということです。

この限られたリソースを最大化するために、どこにどのようにエネルギーを注ぐのか、営業マネジャーは常に頭を悩ませていることでしょう。

リソースを割く際にまず目を向けるのは、自社が製品・サービスを提供している「市場」です。ここで言う「市場」は、過去から現在だけを見ているだけでは将来に適合できないので、マネジャーは先を見据えた「市場」として見る必要があります。しかし、私たちのお客様からは次のような悲痛の声を聞くことがあります。

営業トップの声

「うちの営業マネジャーは、目の前の案件をどう受注するのかについては、とても熱心にメンバーをサポートしているが、将来を見据えてどの市場をどう育てるかという俯瞰的な視点はあまり見えてこない」

「セグメントが変わるとニーズが変わるはずなのに、うちのマネジャーはそういう視点を持ち合わせていないかもしれない」

営業マネジャーの声

「上位方針を意識して方針を出しているが、本当にこの戦い方でチームの戦闘力が最大になっているのだろうか」

「うちのメンバーは、訪問先の優先順位を決める基準を持っていないから、行き当たりばったりで活動している」

実際に、本社あるいは上層部から展開された戦略を、上から下にそのまま現場に伝えるだけのマネジャーは以外と少なくありません。

例えばこんな具合です。

「今期も、α製品を主力として2桁成長の方針が事業部長より展開されている。これを受けてわがチームでも、その方針通りα製品を昨対比で10％上げるために、重点顧客を中心に先手で働きかけていこう」

ですが多くの場合、本社や上層部による戦略というのは、ビジネスを大局から見据えた上での大まかな方針でしかありません。にもかかわらず、マネジャーが事業トップの戦略をそのままの粒度でメンバーに伝えると、営業担当者レベルでは漠然としたものでしかなく、具体的に何をすべきかまでは見えてきません。

特に中堅以上の企業では、「事業トップ→営業チーム→営業担当者」で少なくとも3段階の粒度の差が発生しているので、マネジャーはチームの担当市場の特性を捉えて戦略に反映し、それを個々のメンバーに落とし込む作業が必要になります。

戦略を単に上から下へ落とすだけでは、「担当エリアには該当する成長市場がない」「業界の成長が見込めない」といった不満や、「自分たちのリソースでは手に余る」といった諦めが組織の中に蔓延してしまうでしょう。

市場マネジメントとは何か

「市場マネジメント」について、本書では次のように定義しています。

> 営業チームにとって重要なターゲット市場の特性を分析し、さらなる事業成長につながる市場に対して顧客価値を最大化するためのマーケット戦略を設計・実行する手法。

ここでいう市場とは、**「お客様が抱えている問題や事業課題に対して、自社が価値提供を行い、それを取り入れてもらえるお客様の区分」**を指します。ここでの区分では、すでに取引があるお客様だけでなく、潜在的なお客様も含め、すべてを市場だと捉えていきます。

しかし当然ですが、リソースには限りがあるので、自社の製品・サービスの見込み客すべてにアプローチはできません。どこまでの範囲にアプローチして売上を最大化するのか、組織ごとに戦略を作ることが肝になります。

市場マネジメントの流れ

ここからは、市場マネジメントの進め方を紹介していきます。

具体的には、**「市場分析」→「セグメンテーション」→「ターゲティング（市場）」→「ポジショニング」→「ターゲティング（顧客）」**という順で市場を見ていきます。この項目を見るとピンときた方も多いかもしれませんが、いわゆるマーケティングの「ＳＴＰ分析」というものです。

ＳＴＰ分析はマーケティングの世界では当たり前の概念ですが、ＢｔｏＢ営業のマネジャーは、マーケティングを営業とは別の物とみなす傾向が強いようです。しかし、マーケティングと営業は切り放せないものであるという認識を強く持たなければなりません。

特に、現代はデジタルマーケティングの発展により、お客様の購買プロセス（＝カスタマージャーニー）を意識して、案件化までのプロセスを一連のものとして見なければ、新規の案件は創出できなくなっています。したがって、マネジャーもマーケティングの視点を明確に持っておく必要があるのです。

業界によっては、プロダクトマーケティングが充実しており、営業がお客様に伝えるべきキーメッセージも一律的に発信している企業も見られます。しかし、そうした企業はマーケットにおけるポジショニングを明確にした勝ち筋を作れている反面、営業側がその意図を明確に認識できておらず、結果的にお客様との対話ではなく一方向での情報伝達に終わってしまうケースも少なくありません。

こうした事情で求められるのが、営業側にも「ＳＴＰ分析」をはじめとするマーケティング視点なのです。

この順序における各ステップの役割を整理すると、以下のようになります。

①市場分析

市場全体を理解する段階です。主に以下を実施します。

・市場規模、成長性、トレンドの把握。

・外部要因（経済動向、法規制、技術革新など）の影響分析。

・競合の動向や市場内での立ち位置の理解。

目的…市場全体像を把握し、セグメンテーションやターゲティングに活かすための基盤を築く。

②セグメンテーション

市場を細分化し、各セグメントの特徴を明確にします。

・基準（企業属性、法規制や市場環境、行動ベース、ニーズベース、心理的要因、製品・サービス利用状況、テクノロジー活用度など）に沿って分割。

・各セグメントのニーズや課題の把握。

目的…特徴ごとに区分けし、注力すべきエリアを絞り込む。

③ターゲティング（市場）

セグメントから、収益性や自社の競争優位性に基づいて重点市場を選定します。

・理想の顧客像を特定。

・各セグメントの市場規模、収益性、競合状況を評価。

目的…投資すべきターゲット市場を絞り込む。

④ポジショニング

選定した市場内で自社の立ち位置を明確にし、差別化を図ります。

・自社の強みや競合優位性を明確化。

・顧客に対してどのような価値を提供できるかを具体化。

目的…顧客にとって魅力的で、かつ競合に勝てるポジションを確立。

⑤ターゲティング（顧客）

最終的に、ターゲット市場の中から重点的にリソースを投下する個別顧客層や企業を特定し、具体的な営業アプローチを計画します。

・顧客プロファイルの作成（購買行動、課題、意思決定者など）。
・ターゲット企業リストの作成と優先順位づけ。

目的…明確なターゲットに基づいて効率的かつ効果的な営業活動を実行。

このプロセスに沿うことで、段階ごとに必要な情報を順序立てて整理し、論理的に次のステップへ進むことが可能になります。また、これにより市場全体から個別顧客レベルへのブレイクダウンが明確になり、精度の高い戦略立案が期待できます。

本書はマーケティングの専門書ではないため、その領域の詳細は譲り、営業マネジャーとして知っておくべき基礎レベルを紹介します。

①市場分析

まずは市場分析から見ていきましょう。ここでは、**開発された製品・サービスを、マーケティング施策を通じて広めていくための方向性の見極めが狙いです。**

その方向性に従って現場は動いていきますが、メンバーの中にはマーケティングの考え方が身についていない営業パーソンも存在します。そういう人は、自社の製品・サービスをどう売るかに意識と活動が集中するため、市場ニーズという俯瞰的な視点を持ちにくくなってしまいます。

市場が伸びているタイミングであれば、お客様は向こうからやってくるので、製品・サービスについて知っていれば営業活動ができてしまいます。この状態を「製品志向型」と呼びます。

しかし、市場が成熟し、自社の占有率を広げられない中でも選ばれる存在になるには、お客様中心の視点である「顧客視点」が欠かせません。お客様のニーズに応え、顧客満足度を向上させることで、自社の新たな利益に結びつける考え方が必要になるのです。

■市場分析をする際に必要な情報

先ほど示したように、ここでは市場全体を理解する段階です。これらの分析を通じて、市場の大きな変化やトレンドを理解し、ターゲットのニーズや競合動向に基づいて戦略立案が求められます。

①市場規模、成長性、トレンドの把握

現在の市場規模や成長率を把握し、将来的な成長の見込みを確認します。市場が成熟しているのか、それとも成長段階なのかを理解することで、投資判断や戦略に影響を与えます。

自社の市場に影響を与えるトレンドや最新の技術革新について分析します。例えば、デジタル化や自動化、ＡＩ技術の導入が業界にもたらす影響を考慮し、自社の営業プロセスや製品・サービスにどのように活用できるかを検討します。

②外部要因（経済動向、法規制、技術革新など）の影響分析

業界特有の法規制や規格の変更に伴う影響を把握します。特に医薬品や化学製品など、

規制が厳しい分野では、コンプライアンスを遵守することが重要です。

また、為替レートの変動や金利、原材料の価格変動、国際的な経済情勢など、外部環境が市場に及ぼす影響を分析します。特にＢｔｏＢでは、国際的な取引やサプライチェーンの影響も大きいので、リスク管理の一環として重要です。

③競合の動向や市場内での立ち位置の理解

主な競合他社の強み・弱み、提供している製品やサービス、価格戦略、マーケティング手法などを把握します。これにより、自社のポジショニングや差別化ポイントを明確にし、競争優位を築くための施策を立案します。


市場分析では、定量データ（売上データ、マーケットシェア、成約率など）と、定性データ（業界専門家の意見、競合の評価、アンケート結果など）を活用して、市場の理解を深めます。

これらの市場分析に基づき、営業マネジャーはターゲットの絞り込みや新たな商機の発見、アプローチ方法の最適化などを行い、営業戦略に反映させることが求められます。定期的に市場分析を更新し、迅速な意思決定と柔軟な戦略転換ができる体制を整えることが、営業マネジメントのカギになります。

■市場分析だけに頼ってはいけない

ここまで市場分析について解説しましたが、ここで得られた情報だけでは不十分です。なぜなら、営業の成果につながるのは、市場調査だけではつかめない「インサイト（洞察）」による、真にお客様に求めるものにあるからです。

ですから、これらの分析に加えて、下記のことも営業マネジャーとして意識しておくことが重要です。

インサイト

市場分析では、市場調査でのデータが意思決定の重要要素だと思っていたが、実はそれだけでなく、お客様がまだ気づいていない「潜在的なニーズ」を掘り起こす仮説も、意思決定の決め手だったんだ！

データ分析だけでなく、仮説を積極的に取り入れることが成功につながるのです。

さらに、以下のことも強く認識しておくことが大切です。

インサイト

市場の動向をリサーチして把握することは非常に重要だと思っていたが、実は顧客からのフィードバックこそが市場の最前線だったんだ!

市場分析と聞くと、マネジャーの多くは市場調査やデータ分析に意識が向きがちですが、実際には営業がお客様と接する中で得られるフィードバックこそが、リアルタイムで市場を知る最も価値ある情報です。

それが時には、クレームめいた内容であったとしてもです。BtoBにおいてはお客様の苦言というのは、期待の裏返しである場合が多いため、苦言の中にも耳を澄ませてみると、実は次につながるヒントが隠されているものです。

リサーチによって得られた結果よりも、こうした現場からの声に耳を傾けることで、迅速な市場対応が可能になることも多いのです。

したがって、特にチームの重点顧客に対しては、案件だけのやり取りだけではなく、定期的にフィードバックをもらう機会をマネジャー自ら作る必要があります。

弊社では、クライアント先の重要なお客様にインタビューをすることがありますが、第三者としてインタビューするので、当然案件の話は出てきません。「どうしてこの会社から導入しようと決めたのか」「きっかけは何だったのか」「プロセスのどの段階でこの会社に決めたのか」などに関して示唆を得られ、それをクライアント先の幹部や営業マネジャーに報告すると気づきにつなげていただけます。

実際に、顧客インタビューに同席したマネジャーからは、このような声が出てきます。

「普段は、案件の話でしかお客様と話をしたことがなかったですが、こうやって案件とは関係ない話を聞けると、今後のチーム戦略の方向性が変わりますね」

「市場ニーズはデータで把握するものと思っていたけれど、実は『本音の対話』の方が本質をつかめるものですね」

市場調査のデータ分析はとても大事ですが、お客様との対話や日常の観察から得られる情報も、それと同等以上に本質的なニーズや隠れた課題を深く理解できることもあります。顧客が何を求めているのかを体感的に知ることで、新しい市場機会が見えてくるのです。

②セグメンテーション

セグメンテーションとは、「市場の細分化」を意味し、類似した課題やニーズを持つ集団を特性ごとに区分（セグメント）することです。

「セグメントが重要なことぐらい知っているよ」と思われるかもしれませんが、思考が固定化されており、エリアや業界、企業規模ぐらいしかセグメントを設定したことがないという人は多いのではないでしょうか。

セグメンテーションにも様々な視点があり、どの切り口を用いるかによって市場は全く違って見えます。あるセグメントでは売上を見込めなさそうでも、別のセグメントでは売上が上がりそうといったケースはよくある話です。

将来的に市場を広げるという意味では、既存のセグメンテーション以外の切り口はないのかを常に模索しなければなりません。セグメントは「類似したニーズや特性を持つ集団」なので、お客様の課題が似通うケースも多いのです。類似した課題やニーズを考える際に、以下のことも強く認識しておく必要があります。

インサイト

市場のニーズ把握が重要だと思っていたが、実は「潜在的なフラストレーション」を探る方が真のニーズを掴むカギになるんだ！

従来は顧客のニーズ調査が重視されていましたが、現在では顧客が無意識に抱える**「何か物足りない」というフラストレーション**を探り、それに応える製品・サービスの提供が、より強い市場価値を得られるようになってきています。

このようなセグメントの視点があれば、例えばすでに自社の製品・サービスを導入しているA社と、同じセグメンテーションにあるB社に対し、「同じニーズがあるのではないか」と捉えて、営業活動を展開できるようになります。

■セグメンテーションの切り口

BtoB企業における市場マネジメントのセグメンテーションの切り口は、以下のように多岐にわたります。これらを組み合わせることで、より効果的なセグメンテーションが可能になります。

①企業属性によるセグメンテーション

業界…製造業、ＩＴ業、医療業界、物流業界など。
規模…従業員数、売上高、資本金など。
エリア…地域、都市、アジアなど。
セクター…スタートアップ、中小企業、中堅企業、大手企業など。

②法規制や市場環境

市場の競争環境…競争が激しい市場、ニッチ市場。
規制や法律の影響…規制産業か自由市場か。
文化的要因…地域ごとの商習慣や価値観。

③行動ベースのセグメンテーション

取引履歴…既存顧客、新規顧客、休眠顧客、失注顧客など。

購買量…大量購入、少量購入。

組織の構造…集中型（本社で一括）、分散型（各支店が独自に）など。

④ニーズベースのセグメンテーション

課題…人材不足、ＤＸ化、コスト削減など。

期待する価値…品質重視、コスト重視、サポート重視など。

導入目的…競争力強化、規制対応、イノベーション推進など。

⑤心理的要因によるセグメンテーション

リスク許容度…新しい技術やサービスに積極的か、保守的か。

ブランドロイヤルティ…既存ブランドに強く固執しているか、新しい選択肢を検討しているか。

購買プロセスでの重視ポイント…品質、納期、価格など。

⑥製品・サービス利用状況によるセグメンテーション

利用している製品・サービス…競合他社の製品、代替品、自社製品。
利用頻度…毎日、週次、月次、年次。
サービスの活用度…基本機能のみ、付加価値サービスも利用。

⑦テクノロジー活用度によるセグメンテーション

ITインフラ導入状況…デジタル化が進んでいるか、アナログが多いか。
DX推進状況…AI、IoT、クラウドサービスの利用状況。
CRM/SFA活用状況…あり／なし。

セグメンテーションは顧客を似た属性で分けることではなく、意図的に異なる顧客層を含める方が新たな成長機会につながりやすくなります。

多くの場合、営業マネジャーはセグメントを一貫した特性を持つグループで分けてしまいがちですが、あえて異質な顧客層も含めることで、新しいニーズやビジネスチャンスが見つかります。例えば、「業種は異なるが共通のニーズや課題がある」という場合、それに応える製品やサービスが提供できれば、新規市場として成長する可能性が高まります。

③ターゲティング（市場）

■製品×市場マトリクス

セグメンテーションの次はターゲティング（市場）です。分類したセグメントのうち、どの領域に注力して活動していくのかを選ぶことが、ここで行うターゲティングです。ここで、営業マネジメントにおいて用いるのが**「製品×市場マトリクス」**です。

例えば、横軸に自社製品・サービスをとり、縦軸には注力して開拓したいセグメントをとった図4－1のマトリクス図を描きます。

このかけ合わせを4つのパターンで見ていきます。Ⅰの「集中」というのは、セグメントBに対して製品2を集中特化して売っていく方向性です。Ⅱの「製品特化」は、製品2をすべてのセグメントに売っていこうとする方向性です。Ⅲの「顧客特化」は、セグメントBにすべての製品を売っていこうとする方向性です。Ⅳの「製品×市場対応製品」は、セグメントごとに異なる製品を売っていこうとする方向性で、この4つのパターンでター

4-1　製品×市場マトリクス

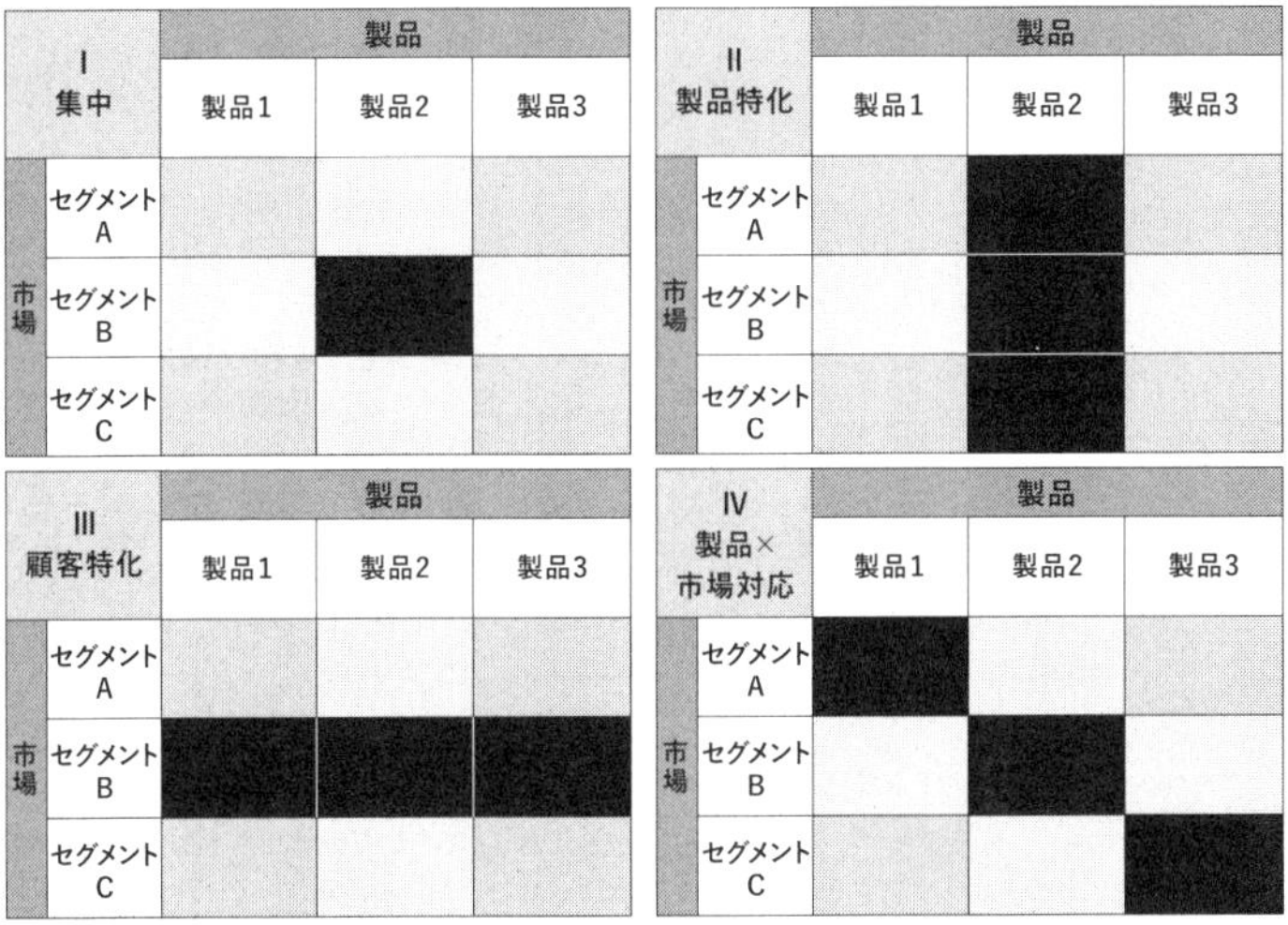

ゲットを見定めていきます。

ターゲティングにより、会社の方向性としてⅠで進めていくのであれば、まずはセグメントBに対して製品2の営業活動に注力し、結果が出れば継続し、結果が出なければⅡやⅢのターゲットを試していくことになります。

特に新規市場ではターゲットを広げ、異なる顧客にテストマーケティングを行うことで、予想外の顧客層から反応が得られることがあります。例えば、中小企業向けの製品が大企業の特定部門で好評になったり、特定の業種で意外な反響が得られたりすることもあるのです。

■理想の顧客像を特定するＩＣＰ（Ideal Customer Profile）分析

ターゲティング（市場）を行う際に、「製品×市場マトリクス」と合わせて検討したいのが**「ＩＣＰ分析」**です。

ＩＣＰ分析とは、セールス活動において既存顧客企業を分析して、その特性を明確にすることで理想的な顧客像を特定するための分析手法です。これによって、将来の大きな利益創出となる最適な市場を見出していきます。

先ほどの「製品×市場マトリクス」では、最終的にどこを重点として選ぶのか、ターゲット条件を設定し、焦点を絞るために行います。

ＩＣＰは通常、以下の要素で構成されます。

- 業種や業界：特定の業界が成果に寄与している場合、その業界を優先。
- 企業規模：収益性が高いのは中小企業、大企業など、どの規模か。
- 地理的要因：特定の地域に集中している場合はその地域にフォーカス。
- 購入プロセス：短期間で契約に至る顧客、または複数回購入する顧客。

・課題やニーズ：解決できる課題が明確であり、自社のソリューションが適合する顧客。

既存顧客の中でも重点となる企業、例えば、「売り上げ上位○％企業」「取引伸び率上位○％企業」に対して、これらの要素についてデータを整理しリスト化します。具体的には、企業規模、業界、所在地、売上高などの基本的な属性情報に加え、購買履歴や製品の利用状況も重要な指標です。多様なデータソースを活用することで、より精度の高いＩＣＰの作成につなげていきます。

次に、収集したデータを基に顧客の購買動機や課題を分析し、理想的な顧客の行動やニーズを深く理解します。顧客が製品やサービスに求める価値、解決したい問題、購入までのプロセスにおける障壁などを把握することで、ＩＣＰの特性をより具体的に定義できます。

例えば、このようなイメージです。

・業種や業界：業界特化型システムインテグレーター
・企業規模：売上50〜300億円、従業員300〜1000人
・地理的要因：名古屋、仙台、広島
・購入プロセス：技術部門が要件検討↓IT部門が提案↓CFOが承認
・課題：レガシーシステム統合の非効率、クラウド化不足
・ニーズ：ERP導入でプロセス統合、クラウド移行支援

顧客ニーズや課題が明確になったら、次はターゲティングの基準を設定します。業界、企業規模、地域、予算など、具体的なフィルタリング基準を設けることで、効果的に顧客リストを絞り込むことが可能です。

④ポジショニング

ポジショニングとは、**ターゲットに対して自社の製品・サービスの価値を認識してもらうために、市場における競合との差別化を図った位置づけを決めること**です。

ポジショニングを作る際には、まずは製品・**サービスを購入する際のKBF（Key Buying Factor・購買決定要因）を掴むこと**が必要になります。購買決定要因とは、購買の決め手となる製品・サービスの特徴のことです。

次に、KBFの中でも特に購買の決め手になり得る重要度の高い要因を抽出します。例えば、お客様の購買決定要因に「機能が多い」「導入時のサポートが手厚い」「操作性が高い」があり、いずれも同じくらい重要度が高かったとします。その際は、重要度の高いKBFに対して、**自社と競合他社の製品・サービスを比較し、より優位性の高い要因に自社のポジションを取ります。**これが営業マネジメントにおけるポジショニングになります。

4-2　KBF比較表

[例]SFAを自社に導入する場合　　4…きわめて重要　3…かなり重要　2…ある程度重要　1…あれば助かる

No	購買決定要因(KBF)	重要	自社	競合	優位
1	機能が多い	1			
2	ユーザーインターフェイス	4	使いやすさ満足度No.1の外部評価を受けたことがある	使いやすさ満足度No.5の外部評価を受けたことがある	◎
3	導入時のサポート	3			
4	カスタマイズ性	2			
5	操作の簡易性	4	使いやすさ満足度No.1の外部評価を受けたことがある	使いやすさ満足度No.5の外部評価を受けたことがある	◎
6	イニシャルコスト	2			
7	ランニングコスト	4	顧客から高いという理由で解約が増えてきている	業界で最も低価格を打ち出している	×
8	モバイル対応	4	開発当初よりセールスがモバイルで活用すること見越して充実している	モバイルのインターフェイスも劣っている	◎
9	外部システム連携	3			
10	カスタマーサクセスサポート	3			

ポジショニングでは差別化を意識するあまり、競合との違いを強調するケースが見られますが、顧客が「自社の製品・サービスをどのように活用できるか」を想起させるポジショニングが購買意欲に大きく影響します。

例えば、「業界初の技術」などではなく、「お客様の事業課題解決にどうつながるのか」「日常の業務でどう役立つか」「何が具体的に改善されるか」を強調することで、顧客の中で明確なイメージが形成され、購入を検討しやすくなります。

ここで決めたポジショニングは、例えば図4－3のようにポジショニングマッ

4-3　ポジショニングマップ

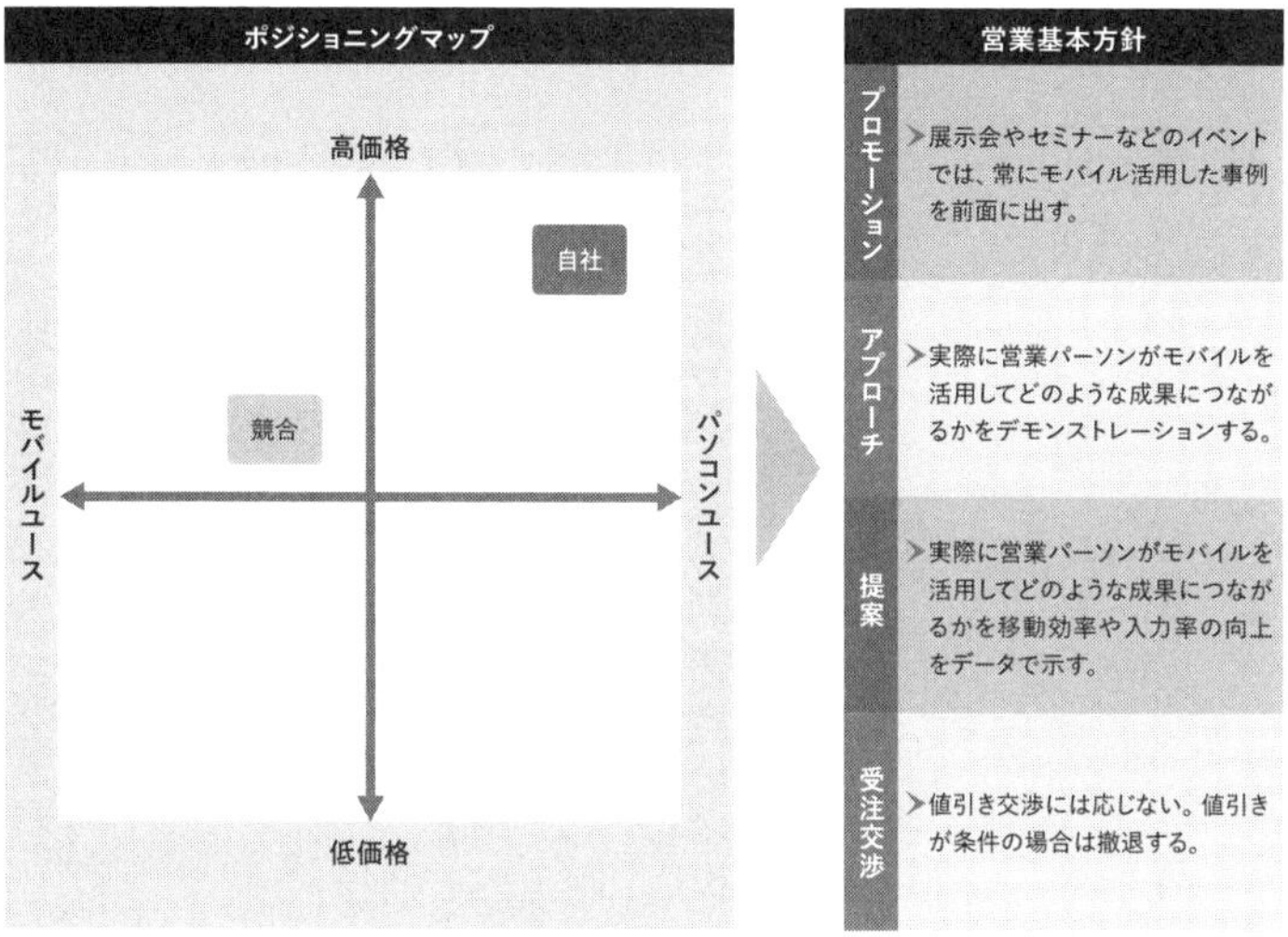

プに記載し、マネジャーはKBFの重要度に合わせて「アプローチ」「案件化」「提案」「受注交渉」などの営業プロセスのフェーズごとにそれぞれの基本方針を定めていきます。

ここで注意すべきは、自社の強みを単に前面に押し出すのではなく、自社のポジショニングにより「顧客が気づいていない問題」の指摘が大切ということです。顧客がまだ意識していない潜在的な課題に気づかせ、それを解決する手段として自社を位置づけることで、独自のポジショニングが形成されるのです。

例えば、「業務効率化」という漠然としたテーマを掲げるのではなく、「見落としがちなコミュニケーションのムダを削減する」といったような切り口の鋭い提案をすることで、顧客に対して自社が必要な存在と認識させられるようになるのです。

⑤ターゲティング（顧客）

■ターゲティングで顧客の重点攻略先を見極める

次に行うのは、具体的な顧客企業のターゲティングです。

これまでにも述べてきたように、メンバーはすでに取引実績のある顧客にばかり目が向いてしまいがちですが、未来の売上基盤を作るには、これまでの実績は少ないけれどポテンシャルの高い企業をターゲットに入れていく必要があります。

多くの営業マネジャーは、取引額が大きい顧客を重点顧客と考えがちですが、重要なのは**顧客の「長期的な成長可能性」**や**「将来的な取引の広がり」が見込めるかどうか**です。

特に、成長期や市場拡大のタイミングにある顧客は、今後の売上や信頼関係の構築において非常に大きな価値を生むことが多く、長期的に安定した関係を築ける可能性が高くなります。

プロセスマネジメントについて解説した49ページ「重点先の見える化」で見た図を思い出してください。

顧客をターゲティングする際は、Bゾーンとの取引をAゾーンへと移行するために営業活動を行いますが、そのためにはBゾーンの企業について十分に把握しなければなりません。

図の縦軸の「ポテンシャル」とは、「今後、どれだけ取引規模が拡大する可能性があるか」を評価する指標です。

どの企業に、どれくらいのポテンシャルがあるかを見極めるのは、マネジャーとして慎重な判断が必要です。ここでは「顧客の売上規模」「従業員数」「〇〇開発費」など、定量化できる指標をマネジャーが決めていきます。

一方で、ポテンシャルを評価する際に、恣意的に「受注しやすさ」を基準に入れるマネジャーもいますが、これは避けなければなりません。受注の難易度に基づく判断は、短期的な視点に偏り、長期的な成長機会を見逃すリスクを伴います。

営業として特に注力すべきは、今後の成長や課題の拡大に伴い、新たなニーズが生まれる可能性のある顧客の開拓です。

新たなテクノロジーの進展があった業界、規制改革など法改正があった業界、社会情勢の変化が影響する業界では、新たなニーズが発生しやすいといえます。

製品やサービスのアップグレード、追加サービスの提供に関心を持っている顧客を特定し、積極的にフォローすることで、アップセルやクロスセルのチャンスを広げられます。そのために大事なのは、顧客の事業計画や目標を深掘りし、次なるニーズを予測する視点を養うことです。

■ゾーン別活動指針

51ページでも見たように、取引先から頼りにされると、ついポテンシャルが低い先にも高い先と同等の工数や労力を割いてしまうのが、「成果の上がらない営業パーソン」の典型例です。誤解を恐れずに言うと、売上の見込みが低い顧客に対しては一定の割り切った対応が必要なのです。

すでにシェアの高い顧客とは引き続き関係を深めつつ、Ｂゾーンの顧客に働きかけて右上のＡの状態に持っていくために営業のリソースを割くよう、マネジャーがマネジメントしていかなければなりません。

例えば、図４－４では活動ウェイトをＡゾーンに30％、Ｂゾーンに40％、Ｃゾーンに20％、Ｄゾーンに10％と割り振っていますが、これは個々の担当リストによって変わってきます。市場の成熟度や自社の成長フェーズによって、配分するウェイトを柔軟に変えていくのも、マネジャーの判断で決めていきます。

では、具体的に各ゾーンに対してどのように活動の方向性を見出すのか、その考え方をご紹介します。

まずＡゾーンの「重点深耕先」を担当するメンバーには、顧客の潜在的なニーズを先回りして把握し、イニシアティブを持って提案や施策を展開する力が求められます。そこでマネジャーに求められるのは、自身も定期的に重点深耕先との接点を持ち、組織全体で対

4-4 ゾーン別活動方針の参考例

ゾーン		活動テーマ	訪問基準	活動ウェイト	活動施策
A	重点深耕先	ロイヤルティを維持する組織的対応	2回／月	30%	・経営・販売資源を優先投入する ・全方位型の活動を進める ・情報収集・情報提供を徹底的に強化する ・定期的に組織対応の機会を創る
B	重点攻略先	訴求力のある仮説検証アプローチ	3回／月	40%	・長期的な関係構築を見据えてナーチャリング活動 ・案件攻略分析にもとづく活動 ・グループの総合力を活かした積極的貢献活動
C	省力化先	付帯業務の効率化	1回／月	20%	・重点市場管理の徹底 ・オンラインのみでの対応 ・不満への注意強化と素早い対応
D	見守り先	特約店に業務をシフト	0回／月	10%	・軽量化（アシスタント・e・テレマなど） ・効率的活動 ・方先部門の見直しと選択的対応

応していくことです。自社の他部署や上層部にも働きかけ、効果的に新たな案件をお客様と創り上げる働きかけがカギになります。

次に、Bゾーンの「重点攻略先」の顧客は難易度が高い営業先でもあるので、メンバーが普段の営業活動を続けているだけでは成果にはつながりません。その状況をいかにしてAゾーンに持っていけるようにするのかは、第2章「顧客マネジメント」で記した通りです。

Cゾーンの「省力化先」の顧客を担当するメンバーには、問い合わせや問題に対して迅速かつ効率的に対応できるスピードと柔軟性が重要です。

また、Ｄゾーンの「見守り先」の顧客には、できるだけメンバーの工数を減らし、しくみで回せるような環境を整えるようにします。

ここまで見てきたように、「市場マネジメント」では、次のような流れで進めていくことを実現するために、「売り先」を中心に見てきました。

自社製品を潜在的に欲している顧客がどこにいるのかを探る
そのために、担当市場の顧客ニーズを把握する
さらに、ポテンシャルが高い顧客を見極める
その上で、限られたリソースを効果的に活用する
結果として、ポテンシャルが高い顧客と長期的な取引関係を構築する

では、これをどのような「売り物」と「売り方」で進めていくのか、第5章「戦略マネジメント」で見ていきましょう。

まとめ

・市場マネジメントとは、「営業チームにとって重要なターゲット市場の特性を分析し、さらなる事業成長につながる市場に対して顧客価値を最大化するためのマーケット戦略を設計・実行する手法」のこと

・自チームが担当する市場に対するリソースの最適化が、市場マネジメントの役割

・顧客のターゲティングでは、ポテンシャルは高いが取引実績の少ない「重点攻略先」を、ポテンシャルと、取引実績ともに多い「重点深耕先」へと移行させるために能動的に活動する

第5章 戦略マネジメント

重要なことは、未来において何が起こるかではない。
いかなる未来を今日の思考と行動に織り込むか、どこまで先を見るか、それらのことをいかに今日の意思決定に反映させるかである。

ピーター・ドラッカー（経営学者）

戦略実行を妨げる「負のスパイラル」

営業という職業で最大の成果を得るには、市場環境にあった適切な「営業戦略」と、その営業戦略を具現化する「戦略実行」が求められます。

ここで言う営業戦略とは、全社ビジョン・戦略を受けて、営業組織として「売り先×売り物×売り方」の最適な組み合せを見出し、限られたリソースを最大限に活かし、高い成果を出し続けるという、「勝利のシナリオ」のことです。

そして戦略実行は、立案した営業戦略を「人×しくみ×マネジメント」の三位一体で推進し、狙った通りの成果につなげることです。

つまり、**営業戦略の立案とは、『売り先×売り物×売り方』で価値の最適化。**

そして、**営業戦略の実行とは、『人×しくみ×マネジメント』で価値を最大化。**

このようになるわけです。

しかし、この営業戦略の実行を妨げる要素は数多く潜んでいます。これを私たちは「戦

5-1　戦略実行「負のスパイラル」

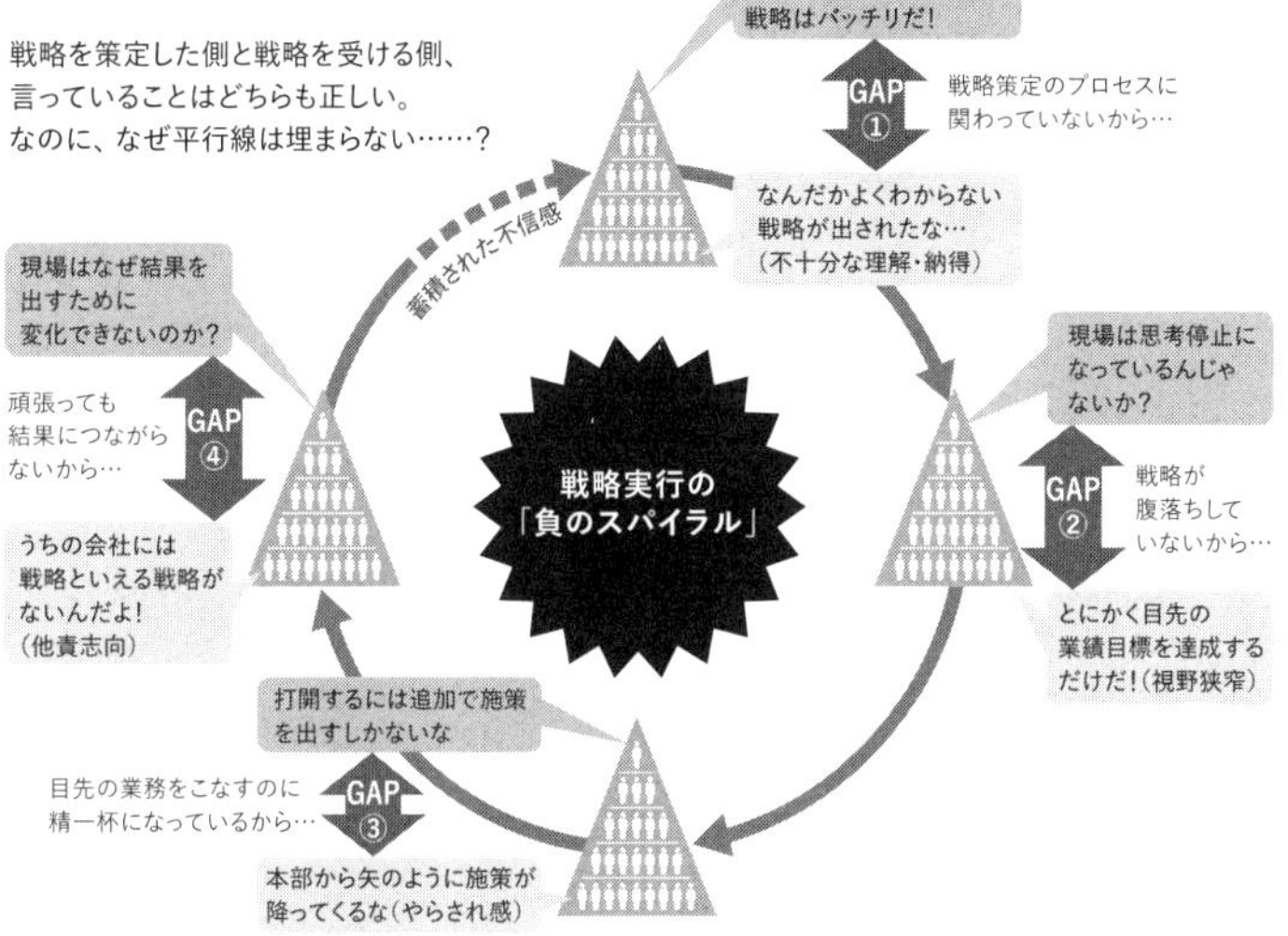

略実行『負のスパイラル』」と呼んでいます。

多くの企業では、営業全体の戦略を立案し、現場に展開する側の営業本部と、それを受ける側の営業現場の間には、図5-1のようなギャップが生じるメカニズムが存在しています。

GAP①「不十分な理解と納得」

まずはじめに、期初に本部から戦略を展開する段階です。この段階からボタンのかけ違いが始まります。

本部の声「様々な視点で分析もできたから、戦略はバッチリだ」

――ところが、現場が戦略策定のプロセスに関わっていないから……

現場の声「今期もよくわからない戦略が出てきたな」

GAP②「視野狭窄」

次に、戦略を展開してから数カ月経った段階です。この段階で本部側の意図通りに現場の動きが変わっていないと、次のようになります。

本部の声「現場は思考停止になっているのではないか」

――ところが、そもそも戦略が腹落ちしていないから……

現場の声「とにかく、自分たち営業の役割は目先の業績目標を達成するだけだ。それだけに邁進していこう」

GAP③「やらされ感」

そして、さらに時間が経過しても本部と現場とのギャップが埋まらないと、次のようになります。

本部の声「追加でいろいろな施策を出して、巻き返すしかないな」

――ところが、目先の業務をこなすのに精一杯になっているから……

現場の声「上から施策が矢のように降ってくるな」

GAP④「他責志向」

最終的には、次のようになります。

本部の声「どうして現場は結果を出すために変化できないのか」

――ところが、どれだけ頑張っても、目標達成が厳しいから……

現場の声「うちの会社には戦略といえる戦略がないんだよな」

いかがでしょうか。皆さんの組織ではこうした現象は起っていないでしょうか。

実は、こういった現象は無意識のうちに起きていることが多く、毎年繰り返している組織も少なくありません。そして、こういったギャップが続いてくと、本部と営業現場の中には「蓄積された不信感」が出てきます。これは、戦略実行における「負のスパイラル」というメカニズムが営業戦略の浸透を阻んでしまうのです。

戦略を展開する側と受ける側、それぞれの立場で言っていることは理解できるものの、どうして溝は埋まらないのでしょうか。

それは、**立場によって見る景色が違うから**です。経営層は全社視点で物事を見ているので、上層部から現場ごとに適した戦略を出すのはあまり現実的とは言えません。常に現場にいるわけではない上層部から細かい戦略を出したところで、それは「帯に短し、襷に長し」になるに違いありません。

鳥は空を飛んでいるから鳥瞰できるのであって、地面に近づいていったら見える範囲が狭くなり、獲物を探しにくくなります。一方で、受ける側は、現場で起きている具体的事象に目を向けなければ、具体的な対応ができません。

重要なのは、お互いが相手の立場を理解することです。戦略を展開する側は、受ける側が戦略策定プロセスに関わっていない事実をどう捉え、その上でどのように自分ごと化してもらうようにするかを考えなければなりません。受ける側は、いかに自分ごと化できるように工夫できるかを考えなければなりません。

その中で、営業マネジャーは立場としては、受ける側になる企業が多いと思いますが、上層部の戦略を自分ごと化せず、そのまま現場に伝えている人も少なくありません。

仮に上層部からの戦略をマネジャーが理解していても、その戦略を行う意義や目的は自身の言葉で現場に伝える必要があります。こうした上層部と現場の認識のギャップを埋めるのも、マネジャーの役割なのです。

営業マネジャーは、**経営層は全社最適を土台として戦略を打ち出している**という背景を踏まえた上で、マネジャーが受け持つ外部環境と内部環境を踏まえた中で自分ごと化し、戦略を実行していくことが大切です。

戦略マネジメントとは何か

「戦略マネジメント」について、本書では次のように定義しています。

> 全社ビジョン・戦略を受けて自チームにおける『売り先×売り物×売り方』の最適な組み合わせを見出し、限られたリソースの中で高い成果を出し続ける手法。

さらに、現場が実行できないことを立案しても意味がないので、戦略マネジメントにおいて大事なのは、現場が動けるような**「勝ち筋を意識した実行できるシナリオ」**を考えることです。戦略を実行するには「メンバーの腹落ち」が不可欠になるので、戦略のシナリオはメンバー全員の納得が得られる内容を意識して策定する必要があります。

私たちが営業マネジャーに「今年度のチームとしての営業戦略はどのようなものですか」と聞くと、多くのマネジャーは「数値目標」と、それを実行するための「概念的」な話をします。

マネジャー「今期の売上目標は、昨対110%の10億円です。そのために、とにかく既存顧客も新規顧客も接点を増やして、メンバー全員が質の高い提案をしていきましょう」

メンバー「質の高い提案とは、具体的にどういうものですか」

マネジャー「もちろんお客様のニーズに応える、いやむしろそれを超えるような提案のことです」

5-2　戦略マネジメントの全体像

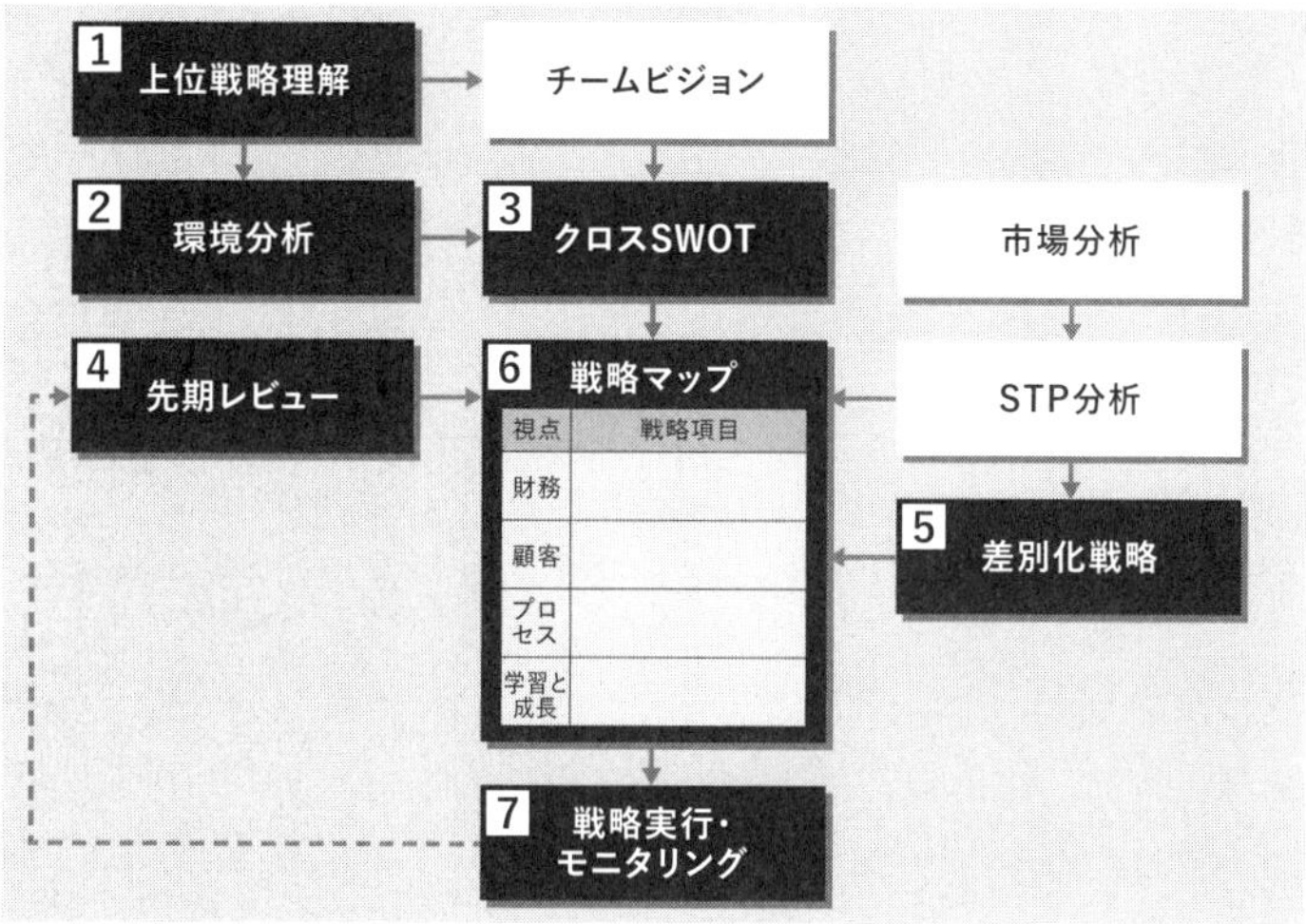

メンバー「……（具体的に何をすればいいのかわからない）」

しかし、ここには現場を意識したシナリオが欠けており、これではメンバーが実行に移すのは難しいままです。マネジャーが論理性とストーリー性を合わせた戦略を提示するからこそ、メンバーは納得感をもって取り組めるのです。

戦略マネジメントの手順は図5－2のようになります。

ここからは、この図の通り順を追って戦略策定の流れを見ていきましょう。

①上位戦略理解（自分ごと化）

まずは、上層部が出した戦略を理解するには、まずその戦略を「自分ごと化」することから始めていきます。なぜなら、上層部からの戦略にはどんな目的があるのか、なぜ今この戦略を出したのかなど、「必然性」の理解が欠かせないからです。

第3章「人材マネジメント」でも述べたように、人は自分で決めたことをやるときにこそ最も高いパフォーマンスを発揮するので、戦略にも自分の意志が反映されていると感じられることでメンバーの本気度は格段に上がるのです。

そのためにも、以下の質問に瞬時にマネジャーとしての見解を述べられるかチェックしてみてください。

・今年度の上位方針である事業戦略、方針について、そのポイントを明確に第三者に語れますか？
・なぜ、選択肢が多数ある中で、特にその内容が展開されたのか、その理由を明確に第三者に語れますか？

・この戦略が営業現場にどのような影響を与えると考えていますか？
・この戦略の最終的な目的と、達成すべき目標をいかに理解していますか？
・この戦略が成功したと言えるためには、どのような条件が必要ですか？

これらについて、明確な見解が出せない場合は、次に行う環境分析をしてから、その意義を見出しましょう。それでも、理解ができない場合は、上層部と納得するまで対話しましょう。これは、メンバーを束ねるマネジャーの責任と認識しましょう。

②環境分析（変化の動向把握）

マネジャー自身が上位戦略の本質を理解する意味でも、メンバーに自チームの戦略を自身の言葉で熱く語るためにも、必然性を見出すことが重要になります。そのために行うの

5-3　環境分析（マクロとミクロ）

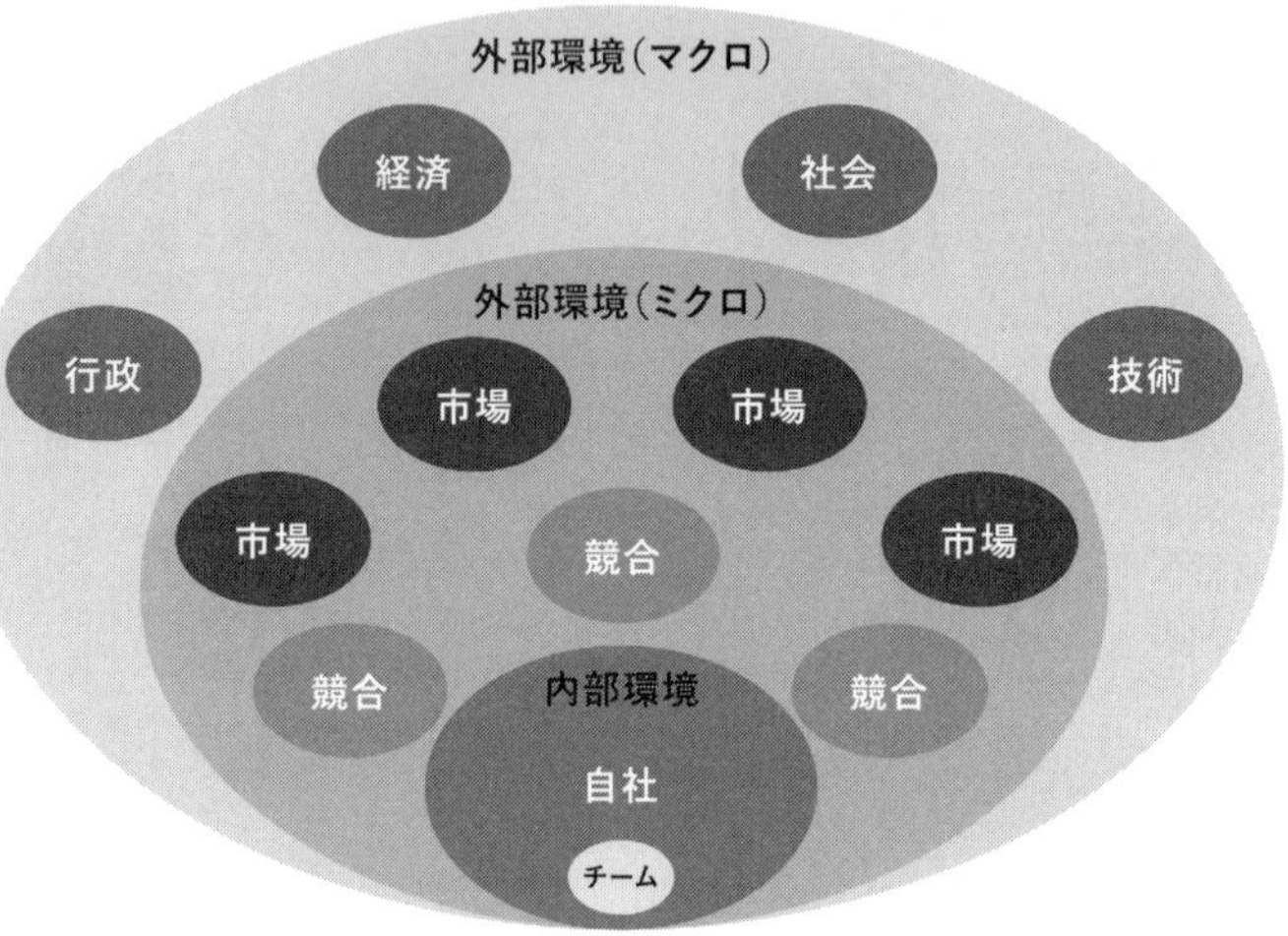

が「環境分析」です。全社戦略にも、営業組織の戦略にも、必ず環境分析がなされていることが前提となります。

ここで言う環境には、自社内の「内部環境」と、それ以外の「外部環境」の2つが存在します。さらに、外部環境にはさらに「マクロ」と「ミクロ」の視点があります。

マクロの視点には国内や海外の経済情勢、社会の制度や技術革新なども含まれます。ミクロの視点には、自社のビジネスを行う上での市場や競合他社を差します。これらをすべて勘案した上で戦略を立案していきます。ここの環境分析が的を射たものでなければ、戦略は実行を伴わない、見当違いのものになります。

本書はフレームワークを紹介する本ではないので、1つひとつの詳細は他の本に譲りますが、フレームワークとは共通して用いることができる考え方、意思決定、分析、問題解決、戦略立案などの枠組みのことを指しています。

「組織において、共通の思考で論理的に物事を整理できる」「思考時間を短縮できる」「観点の漏れを防ぐことができる」「手順が明確なのでミスを防げる」などのメリットがフレームワークにはあるので、営業マネジャーはこれを必要に応じてうまく使いこなすことが求められます。

期初になって「営業戦略を策定するために重要な要素から抽出しよう」とやっていると、それだけで半期が過ぎてしまいます。

外部環境の分析では「ＰＥＳＴ分析」や「３Ｃ分析（お客様動向・競合動向）」、内部環境の分析では「７Ｓ分析」や「３Ｃ分析（自社動向）」などのフレームワークを活用して効率的に現状の環境を分析していきます。

こういったフレームワークは、以前どこかで学んだことがあるという人も多いのではないでしょうか。ただ、それを実際の自チームの営業戦略に有効に活用できているかというと、なかなか難しいと思います。

それは、フレームワークの目的と、そのつながりがイメージできていないから、という話をよく聞きます。そのため、次工程のつながりを意識して見ていきましょう。

現在は生成ＡＩに適切なプロンプト（指示）を入れると、精度の高い環境分析ができあがるので、こういったツールを効果的に活用することも今後は必須になってくるでしょう。ただし、あまりにも生成ＡＩに頼りすぎると、出てきた結果だけを認識して、自分ごと化という目的が薄れる副作用があるので注意が必要です。

ここで重要なのは、環境がどのように変化し、それが自社にどのように影響を及ぼすのかを明確にすることです。

そして、これら4つのフレームワークを用いた環境分析で得た情報は、次の「クロスＳＷＯＴ分析」につなげていきます。

③クロスＳＷＯＴ分析(方向性の明確化)

よく聞く「ＳＷＯＴ分析」では、企業や事業の現状を把握するために使用するものです。自社を取り巻く外部環境を「機会」と「脅威」に仕分け、内部環境を「強み」と「弱み」に仕分けます。それによって、これらの要素を組み合わせて戦略目標を導き出し、具体化していきます。

さらに、ＳＷＯＴ分析に留まらず、「強み」と「弱み」をそれぞれ「機会」と「脅威」でかけ合わせる「クロスＳＷＯＴ分析」を行います。

「機会×強み」では、機会に乗じるために、強みを活かして何をすべきかを検討します。

「機会×弱み」では、機会に乗じるために、何を強化・補強すべきかを検討します。

「脅威×強み」では、脅威を軽減するために、自社の強みを活かして、何をすべきかを検討します。

「脅威×弱み」では、最悪の事態を避けるために、何をすべきかを検討します。

5-4　クロスSWOT分析

		強み　Strength	弱み　Weakness
		➤高度なカスタマイズが可能なソリューション ➤導入後のサポート体制が充実 ➤業界での長年の実績と高い信頼性 ➤豊富な導入事例（特に製造業や流通業）	➤他社製品に比べ初期導入コストが高い ➤一部、新興企業に比べ開発スピードが遅い ➤マーケティング力の弱さ（デジタル施策が不足）
機会 Opportunity	➤DX推進でIT投資を強化する企業が増加 ➤物流業を中心とした業務効率化需要の拡大 ➤補助金や助成金の活用可能性（IT導入補助金など） ➤競合他社の製品サポートが弱いという市場の声	**強みを活かして機会を最大化する** ・豊富な導入事例と信頼性を前面に出し、DX推進に伴う新規顧客層への提案を強化。 ・業界特化型の成功事例を活用したターゲットマーケティングを実施。	**弱みを克服して機会を活かす** ・補助金や助成金を活用したコスト削減提案で初期導入コストのハードルを低減。 ・外部パートナーを活用し、デジタルマーケティング力を強化。
脅威 Threat	➤低価格帯の新興企業による価格競争 ➤顧客ニーズの多様化による提案力の求められる増加 ➤人材不足によるプロジェクト対応力の低下リスク ➤国際的な経済不安定によるIT予算削減の可能性	**強みを活かして脅威を最小化する** ・サポート体制の充実をアピールし、低価格競合との価格競争を回避。 ・高度なカスタマイズ能力を武器に、多様化する顧客ニーズへの柔軟な提案を実現。	**弱みを克服し脅威を最小化する** ・内製開発だけでなく外部リソースを活用し、開発スピードを向上。 ・営業チームへのトレーニングを強化し、提案力を底上げ。

例えば、情報システム会社であるA社で考えてみましょう。

図5－4にあるように、環境分析から今後の機会と脅威を整理したところ、このような変化が大きな影響要素として浮かびあがってきました。一方で、A社の強み・弱みも整理したところ、それぞれの項目が特徴的に出てきました。

これらを図の通りそれぞれかけ合わせていくと、それぞれ重要な方向性が見えてきました。この項目のことを「戦略目標」と呼びます。この戦略目標を後ほどの戦略マップに反映させていきます。

④先期レビュー（効果の検証）

インサイト

戦略とは、細かい計画を立ててから行動に移すものだと思っていたが、実は最初に行動して得られたフィードバックから戦略を微調整する方が重要だったんだ！

次に行うのは「先期レビュー」です。具体的には**「前年度に立てた戦略を実行した結果、どんな成果が得られたのか、または何を改善すべきか」**について振り返ります。

しかし、こうした前年度に立てた戦略の良し悪しを振り返るマネジャーは、意外と少ないものです。多くのマネジャーは先期の戦略に付け加える形で、今期の戦略と行動指針を伝えています。

すると、メンバーからは新しい行動指針が追加されたと認識し、先期の戦略に付け加える形で今期の戦略が増えたと受け取ります。これが積み重なるとメンバーは疲弊していきます。すでにコップに並々と水が入っているのに、さらに水を入れようとしても溢れ出して、新しい水が入らないのと同じような状況です。

■戦略の「停止」か「継続」かを判断する

しかも、「自分たちがやってきたことは、結局効いていたのか」を知らないままでは、マネジャーの思い付きのように戦略が見えてしまい、メンバーのモチベーションも上がりません。それどころか、マネジメント側への不信感や不満に転嫁されてしまうでしょう。

この事態を避けるには、先期のレビューを行った上で、今期の戦略に活かすことです。戦略に照らして「効果的だった行動」については継続し、効果がなかった行動は中止するという判断を、マネジャー自身が伝えることです。あるいは、二元論ではないので、中止せずともこれくらい減らすという判断を明確にしましょう。

先期の戦略を振り返った結果、行動が徹底できておらず成果が出ていなかった場合や、そもそも時間のかかる案件だった場合も考えられます。そうした際には、先期の戦略を継続する判断を現場に伝えます。

大事なのは、現場に「何をやらせるか」だけでなく、**「何をやらせないか」を判断すること**です。そうすることで、コップの容量に空きができ、新たな戦略という水を注げるようになるのです。

5-5　先期レビュー

S・・・計画を大きく上回った　A・・・計画を達成した　B・・・計画を達成できなかった　C・・・計画を大きく下回った

No	戦略視点	戦略項目	目標値	結果	評価	要因
1	財務の視点	売上・収益目標の達成状況	売上10億円	9.8億円	B	新規顧客のターゲティングと戦略が不十分で、大口顧客の開拓が狙い通りいかなかった。
2	顧客の視点	重点顧客へのアプローチ	重点顧客取引数20社	21社	A	役員接点など組織対応はできている。一方で将来に向けたビジョンに基づく中期提案は今後の課題。
3	顧客の視点	物流市場からの新規顧客開拓	新規顧客20社	15社	C	役員接点など組織対応はできている。一方で将来に向けたビジョンに基づく中期提案は今後の課題。
4	顧客の視点	既存重点市場の小売業からのリピート拡大	リピート率50%	40%	B	既存顧客との関係構築が不十分。定期的なフォローアップ体制の強化が必要。
5	顧客の視点	顧客満足度とリテンション	満足度4.5	4.7	A	顧客密着度を高めた伴走支援によって満足度を高められている。
6	内部プロセス	営業プロセスの効率化	ツール活用率90%	70%	C	ツール活用のトレーニングが一部メンバーに行き渡らず、定着化が課題。
7	内部プロセス	チームパフォーマンス	KPI達成率100%	80%	C	営業活動計画が不足し、訪問件数が目標に届かなかった。
8	内部プロセス	マーケティングとの連携	リード500件	480件	B	マーケティング部門と営業部門の連携不足で、リードの質に影響。
9	学習と成長	営業トレーニングとスキルアップ	トレーニング参加率100%	100%	A	ロールプレイングの実施により、実務に即したスキルアップが成功。

実際に先期レビューをする際には、まずは「ありたい姿」がどうだったかの確認から始めます。その姿に対し、「現在の状態」はどうだったのか認識のすり合わせを行い、ありたい姿と現状とのギャップを問題として取り上げます。

問題には表面上に現れるものだけでなく、現状では見えていない潜在的なものがあります。多くの場合、氷山の下に隠れた部分に本質的な問題が潜んでいます。その潜在的な問題に対し、マネジャーは意志を持って課題として取り上げ、何らかの対策を講じていきます。これがレビューの一連の流れになります。

先期レビューで検討する内容は営業組

織ごとに異なりますが、1つの例として次の図5－5を参考にしてみてください。各項目にランクをつけ、「計画どおりに進んだかどうか」を検討するのが目的です。

■マネジャーとメンバーお互いが納得する選択を

先期レビューで前回の戦略を分析し、マネジャーは自分なりの仮説を持ちます。

その上でメンバーに対し、「自分は先期の戦略をこう振り返っているが、みんなはどう思うのか」と意見を求め、新たな戦略を検討する上でメンバーを巻き込んでいきます。

ポイントは「メンバーの具体的な行動」をイメージした仮説として、メンバーに意見を伝えることです。そして、メンバーの反応を見ながら戦略をすり合わせて、双方がお互いに納得する着地点で合意形成を行います。

ここでは「お互いに納得する」というのが重要で、メンバーは納得すれば自分ごと化して取り組みやすくなるのです。

インサイト

戦略はマネジャーが独自に決めて、メンバーに従わせるものだと思っていたが、実は

現場のアイデアと柔軟な対応によって生まれるものだったんだ！

戦略はトップダウンだけでなく、ボトムアップからも生まれるということを知っておきましょう。先期レビューを踏まえて、今期の「戦略目標」に反映していきます。

⑤差別化戦略（競争優位の明確化）

■自社製品の優位性を考え、差別化する

戦略立案に欠かせない、差別化戦略について考えていきます。

インサイト

戦略は競合に打ち勝つために立てるものだと思っていたが、実は顧客が「これがなければ困る」と思う価値を創造するためのものだったんだ！

一般的には、競合に対する優位性を追求するような戦略が重視されますが、顧客が自社の製品・サービスを「不可欠な存在」と感じる価値を生み出すことが、最も強力な競争優位性につながるのです。

そこで、まずは競合を意識せず、顧客の期待を超える価値の提供に集中できるかが、差別化戦略のカギを握ります。

差別化戦略では「バリューカーブ」を用いて、どこのポイントで差別化するのかを明確にしていきます。

バリューカーブとは、ブルーオーシャン戦略で知られる書籍『ブルーオーシャン戦略』(W.チャン・キム & レネ・モボルニュ著/ダイヤモンド社)で紹介された概念で、企業が市場での競争力を評価・比較するためのフレームワークです。競合他社と自社の製品・サービスが、お客様に対してどのような「価値」を提供しているかを視覚的に示したものです。

バリューカーブは通常、横軸に「お客様が価値を感じる項目」を並べ、縦軸にそれぞれ

5-6　バリューカーブ

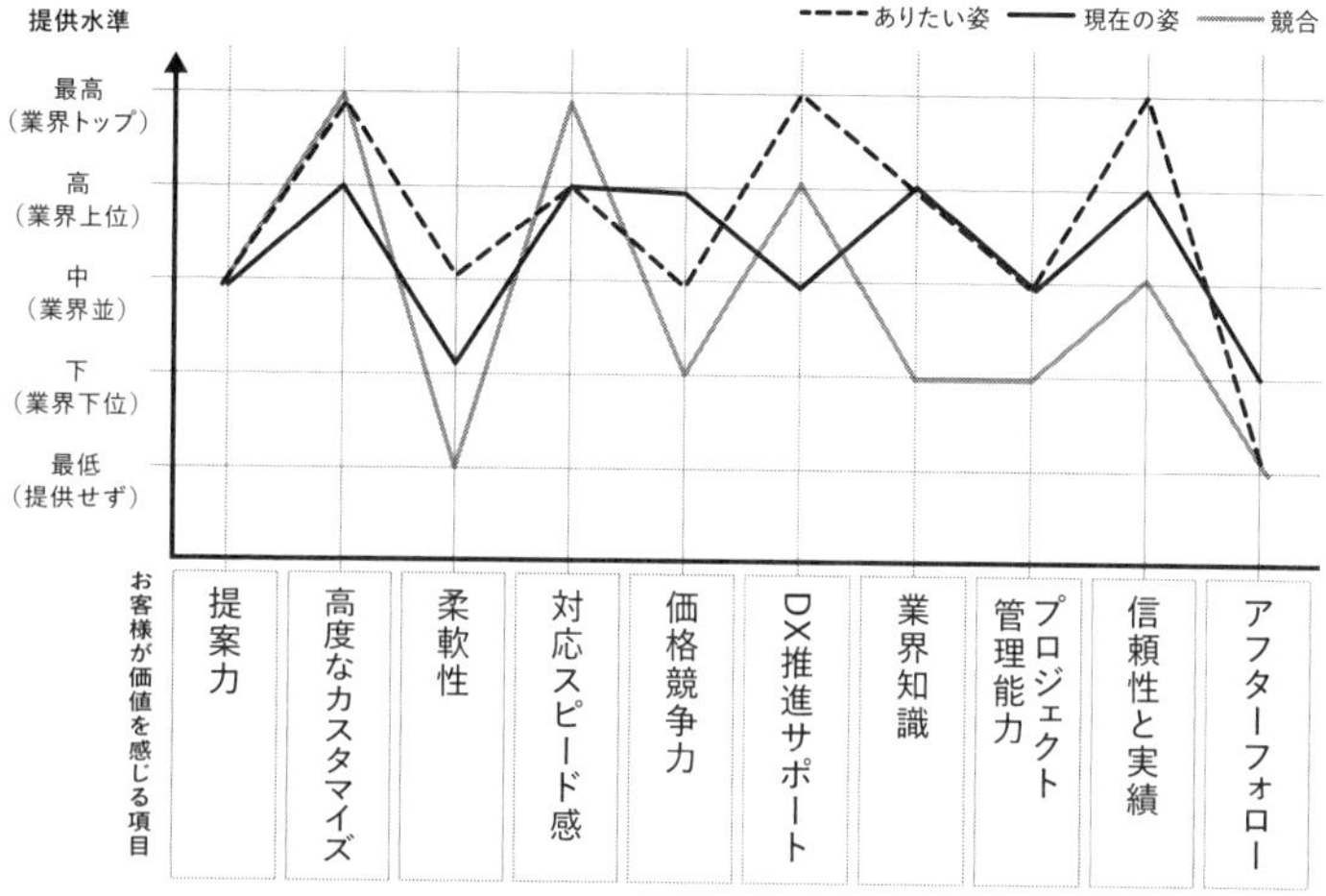

出所：Kim, W. C., & Mauborgne, R. (2005). Blue Ocean Strategy: How to Create Uncontested Market Space and Make the Competition Irrelevant. Harvard Business School Press.に加筆

の要素に対する「提供水準」を示します。価値項目は、営業組織がコントロールできない項目もありますが、お客様の立場になって洗い出します。また、提供水準は業界トップレベルから最低レベルまで5段階くらいで設定します。

企業はこれらの基準ごとに、自社と競合を客観的に評価し、競合に比べお客様が自社の製品・サービスのどの点に価値を感じるのかを把握していきます。

前ページの図5－6は、あるシステム会社をイメージしたもので、お客様がその業界に感じる価値を上げたものです。

最初に、その項目に対して、営業として

現在どれだけ価値を届けられているかを客観的に認識します。

次に、競合他社の中で最も意識する会社を1社選び、その競合会社が現在どれだけ価値を届けているのかを客観的に記します。

最後に、現在の自社の状態から今後横軸のどの項目を戦略的に上げていくのかを描いて、差別化するポイントをグラフに記していきます。その際、全項目を業界最高水準に引き上げるのが理想ですが、それは現実的ではありません。逆に、水準を下げる項目を決めるのも戦略性があり効果的です。


競合と差別化するために、何を重点的に強化するのか」の特定が、差別化戦略の「戦略目標」になるので、**プラスマイナスして合計で5～6ポイントくらいを目安に**伸ばす項目を決めていきましょう。

その際、マネジャーだけでこの作業をするのではなく、メンバーと一緒に対話しながら客観的な意見を出し合うことが、メンバーにとっても自分ごと化につながっていきます。

⑥戦略マップ（成功への道筋）

■バランススコアカード

これまでの作業は、営業チームにとって重要な戦略に取り込む要素（戦略目標）を抽出する作業とも言えます。次は、それを戦略のシナリオにしていくために、「戦略マップ」に落とし込んでいきます。

不確実性の高い時代なので、戦略マップを作ったとしても、予想通りに事が進むとは限りません。その中で必要なのは、戦略に基づいた仮説を実行・検証しながら、試行錯誤するプロセスを回すことです。

仮説検証をするには、戦略がどのように日々の行動プロセスに紐づいているかを可視化します。そうでなければ、戦略が正しいかどうかの検証はできません。

そこで、ここでは「バランススコアカード（BSC）」というフレームワークを用います。

バランススコアカードとは1992年にロバート・S・カプランとデビッド・P・ノートンによって提唱された管理ツールで、企業業績を定量的な「財務」の評価指標だけ

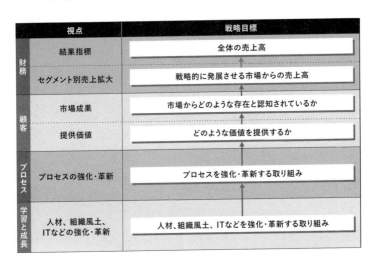

5-7　戦略マップの構成要素

	視点	戦略目標
財務	結果指標	全体の売上高
	セグメント別売上拡大	戦略的に発展させる市場からの売上高
顧客	市場成果	市場からどのような存在と認知されているか
	提供価値	どのような価値を提供するか
プロセス	プロセスの強化・革新	プロセスを強化・革新する取り組み
学習と成長	人材、組織風土、ITなどの強化・革新	人材、組織風土、ITなどを強化・革新する取り組み

でなく、「顧客」「プロセス」「学習と成長」の非財務指標を合わせた4つの視点で幅広く定義し、それらのバランスを保ちながら戦略を立てるものです。

営業目標を達成する（財務の視点）ためには、当然ですがお客様の満足（顧客の視点）が必要であり、どのような活動（業務プロセスの視点）で顧客満足度を高めるかを検討していきます。そして、それらを具現化するためにメンバーのスキルアップ（学習と成長の視点）が必要となります。

この戦略シナリオを策定する際には、前述の「上位戦略」「環境分析」「クロス

ＳＷＯＴ」「差別化戦略」から導いた「戦略目標」を反映させます。戦略シナリオは図５－７のように捉えるのが一般的です。

戦略マップは、常に上位項目が目的、下位項目は手段となり、因果関係によって結ばれます。その際、下位から検討すると、自己都合の戦略シナリオになる可能性が高いので、必ず上位項目から検討することが必要です。特に、顧客の視点の「市場成果」と「価値提供」を第４章「市場マネジメント」で見たセグメントごとにイメージできるかどうかで、具体的な活動が変わってきます。

例えば、今期10億円の売上を目指すチームが営業戦略を考えたとします。

まずは「既存の顧客からのリピートを含めて、５億円の売上の上積みがないと到達しない」のか、あるいは「市場でシェアを40％取らなければ、10億円に到達しない」のいずれなのかを見極めることにしました。

その次に、「そのためには市場からどう認知されている状態になるべきか」、さらに、「そのためには、どのような価値を提供していくのか」を検討します。さらに、「それを実現するにはどんなツールを使い、プロセスをどう改善していかなければいけないか」「その取り組みを実現するには、どんなスキルが必要になるのか」までを見通していきました。こうして戦略を上から下までつなげて見える化できるのが、「戦略マップ」の良いところです。

■自社の「市場成果」と「提供価値」を把握する

戦略マップを作成する際に特に重要なのは、顧客の視点の「市場成果」と「提供価値」の2つです。

多くの営業現場では、「これだけの売上が必要だから、とにかく活動量を増やして提案力も高めていこう」というメッセージになりがちです。戦略マップの表で言えば、一番上と一番下だけしかない状態です。

肝心なのは、その間をつなげるストーリーです。特に「市場成果」と「提供価値」を意識してメンバーと共有しなければなりません。これら2つの視点を見定めた結果、「○○を強化する」という行動につなげるのが理想的な動き方です。

多くの営業組織では、「お客様がどんな価値を求めているか」よりも、「いくらで売るか」「何件やるか」という視点になってしまいがちですが、常に「市場評価と提供価値」をマネ

5-8　戦略マップの全体像

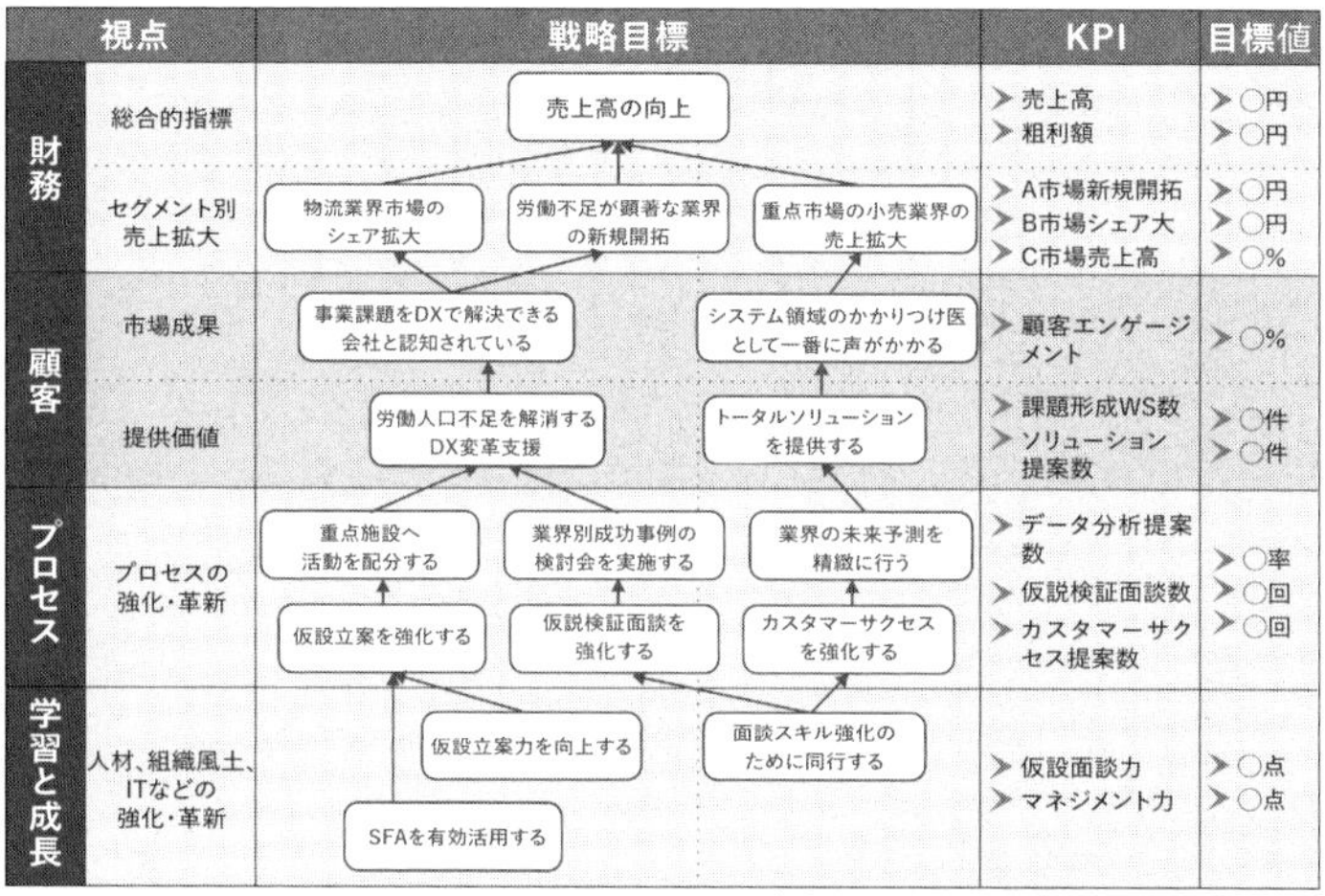

出所：Kaplan, R. S., & Norton, D. P. (1996).
The Balanced Scorecard: Translating Strategy into Action. Harvard Business School Press.に加筆

ジャーとメンバーそれぞれが目線を揃えることが大切です。

続いて、戦略マップを基に「財務」「顧客」「プロセス」「学習と成長」の4つのうち、どの点を改善すべきか、図5－8のように重点的に着手する戦略項目を決めていきます。

重点の戦略項目を決めたら、次はその進捗状況を明確に把握するために定量的な目標を設定します。これがいわゆるKPI（Key Performance Indicators）で、目標を達成するための先行指標となります。

営業マネジャーは、確実に目標を達成

できるようにメンバーを導かなければなりません。そのために、月度ごとの戦略の進捗をモニタリングしながら、その都度ごとに問題点を明確にし、対策を講じていくことが重要です。

ここでの内容は各メンバーにも展開していきます。その際、メンバーの目標値については、営業マネジャーとメンバーで必ずすり合わせを行い、独りよがりの目標値にしないことが重要です。

⑦戦略実行・モニタリング(成果への最適化)

■戦略目標は必ず定期的に振り返る

ここまで、営業チームの戦略策定の手順を見てきましたが、最後に「戦略の実行状況のモニタリング」も忘れてはいけません。むしろ、戦略は作ってからが勝負です。

営業戦略を立案し、実施計画が完成すれば、後は実行してモニタリングしながら、確実に目標を達成するという流れになります。モニタリングとは、状態を把握するために観測や測定、評価を行うことです。

モニタリングは必要なタイミングで行うものですが、一般的には月次で行いますが、今は週次で見ていかないと追いつきません。週次で各ＫＰＩの達成状況をモニタリングしながら、必要な是正措置を指示していきます。

特によく見られるのは、**戦略を期初に発表し、メンバーに共有したのはいいけれど、期中に戦略を点検していない**というケースです。

戦略のモニタリングとは、策定した戦略が計画通りに進んでいるかを評価し、必要に応じて軌道修正を行うプロセスです。具体的には、ＫＰＩを基に進捗を管理し、市場や競争環境の変化を把握しながら仮説検証を行います。

さらに、組織の適応力を高めつつ、定期的なフィードバックを収集し、短期・中期・長期の視点で成果を測定・評価することで、戦略の実効性を確保し、持続的な競争優位の獲得を目指していきます。

営業活動は質と量のかけ合わせなので、ＫＰＩをはじめ定量項目だけを見ていると、本質的な改善につながらなくなります。そこで、定量項目で当たりをつけた上で、定性的な評価ポイントで問題解決につなげる意識が必要になります。

モニタリングを通して気づいたことは、期末のレビューに反映し、翌期の戦略の見直しにつなげます。つまり、モニタリングが日々のＰＤＣＡになり、レビューが一般的に半期ごとのＰＤＣＡとなり、２つのサイクルを回すという関係性になります。

営業戦略は、立案した時点では仮説にすぎません。言うまでもなく、戦略は実行が伴ってはじめて効果を発揮するものです。

大きなリスクを伴う実行は慎重に準備する必要がありますが、一般的には実行段階で修正しながらより、より良い戦略に練り直していくことがカギになります。

機動的かつ柔軟な取り組みをすることで、現場の声が反映された営業戦略ができあがります。そのためにも、戦略立案のプロセスでは明確な目標値を設定し、ＰＤＣＡサイクルを回すしくみづくりが大事になります。

インサイト

戦略は「分析と計画」だけで構築するものだと思っていたが、実は「柔軟な実験と適応」を繰り返すことで、真の戦略へと磨かれていくんだ！

ここまで見てきたように、「戦略マネジメント」では、納得性の高い戦略シナリオを策定するための手順について見てきました。

では、これをどのようにチーム一丸となって具現化していくのか。続いての「組織マネジメント」で見ていきましょう。

まとめ

・戦略マネジメントとは、「全社ビジョン・戦略を受けて自チームにおける『売り先×売り物×売り方』の最適な組み合わせを見出し、限られたリソースの中で高い成果を出し続ける手法」のこと

・限られたリソースを最大限に活かし、高い成果を出し続けるためには、戦略のマネジメントが必須

・戦略は作り、実行して終わりではなく、必ず期中でモニタリングを行う

第6章

組織マネジメント

チームで働くことを学べば、1人では達成できないことを成し遂げられる。

アンドリュー・カーネギー（鉄鋼王）

1人のリーダーシップの限界

仕事柄、たくさんの営業マネジャーとの接点がありますが、業界を問わず言われることがあります。

それは、「やるべきことはある程度わかっているけれど、自身もプレイヤーで忙しすぎて手が回らない」といった、日本社会が抱える普遍的な問題です。

そういった状況の中で、現代のマネジャーがチームづくりにおいて特に意識するべきことは、大きく3つあります。

1つ目は、これまでも何度も見てきたように、**メンバーや案件への個別対応の前に、チーム全体の共通視点となる基準とルールを決めてメンバーに徹底させること**です。

営業戦略を描いたとしても、その戦略をやりきるにはメンバーごとに異なる能力の壁が立ちふさがります。そこで、活動の質を高めるためにプロセスマネジメントを用い、必要な要素を抽出し、基準を作り徹底させます。

その基準に基づいて、日々の活動ができているのかを確認し、できていなければ行動を変えさせるように習慣づけていきます。

2つ目は、**チームのNo.2を意図して育成すること**です。

組織の営業力強化のお手伝いをさせていただく中で、営業チームを強化するためには、マネジャー中心よりも**「管理の職位に依らないリーダー」**の存在が営業推進をリーディングする方がうまくいくケースが増加しています。

チームNo.2であるリーダーには率先垂範と責任感が醸成され、メンバーは高い数字を持つリーダーをサポートし、共に目標達成しようとするメカニズムが働くからです。

そのため、マネジャーはチームのNo.2づくりにも強い意識を持たなければなりません。

そして3つ目は、**マネジャーが不在でもチームが自律して回るよう、チームメンバー全員が「リーダーシップ」と「フォロワーシップ」を発揮するという状態を意図して作ること**です。組織マネジメントでは、チームメンバー同士が互いに支え合う環境づくりを目指していきます。

組織マネジメントとは何か

チームスポーツの世界でよく議論されるのが、「個の力が重要か、チームの力か重要か」という話です。しかし、これも二元論で考えてはいけません。どちらも大事なのは言うまでもないですが、**個とチームは相互補完的である**という考えに基づくべきです。

個の力（個人のスキル、成果、モチベーション）はチームの成功の基盤となりますし、チームの力（協働、シナジー、目標共有）は、個人の能力を最大化する環境を作り出します。例えば、高い営業スキルを持つ個人が集まっても、情報共有や役割分担がなければ最大の成果は出せません。同様に、優れたチームでも、各個人が必要なスキルを持たなければ成果は限定的となります。

営業組織においてマネジャーが意識すべきは、人材マネジメントで見た「個の力を伸ばして貢献するメンバーを育てること」に加えて、「個の力をさらに伸ばすために、チームのシナジーを創出すること」の両方が大事なのです。

「組織マネジメント」について、本書では次のように定義しています。

> 自チームのビジョン・戦略に基づいて組織を導き、人と人の「関係性」や「相互作用」を強化することでチームのポテンシャルを最大限に引き出す手法。

組織マネジメントを進める上でまず押さえるべきは、チームの発達段階を意識したチームづくりを行うことです。

チームづくりを考える上で、「タックマンモデル」という考えがあります。タックマンモデルとはチームの発達段階を「形成期」「混乱期」「統一期」「機能期」の4つに分けて示したものです。それぞれのポイントは以下の通りです。

①形成期（Forming）

特徴

- チームが結成されたばかりの段階。
- メンバー同士がまだ互いをよく知らず、関係構築に重点が置かれる。

メンバーの行動
・お互いを探り合い、控えめなコミュニケーション。
・規則や目標に対する質問が多い。

②混乱期（Storming）

特徴
・チーム内で意見の衝突や役割分担の不満が表面化する段階。
・チームの方向性やリーダーシップに対する不満が出ることが多い。

メンバーの行動
・役割や権限をめぐる衝突が起きやすい。
・協力よりも個人の主張が目立つ。

③統一期（Norming）

特徴
・役割や目標が明確になり、メンバー間の関係が安定する段階。

・チームルールや規範が共有され、一体感が生まれる。

メンバーの行動

・役割を受け入れ、他のメンバーをサポート。

・チーム目標に対する意識が高まる。

④機能期（Performing）

特徴

・チームが最大限の成果を発揮する段階。

・各メンバーが自立的に動きつつ、チーム全体の目標達成に向けて協働する。

メンバーの行動

・自分の役割を十分に理解し、他のメンバーを積極的に支援。

・高い効率性と創造性で目標に取り組む。

マネジャーは図6－1のように、チームの発達段階に応じて、マネジメントポイントを変え、組織マネジメントにつなげていかなければなりません。

6-1　チームの発達段階とマネジメントポイント

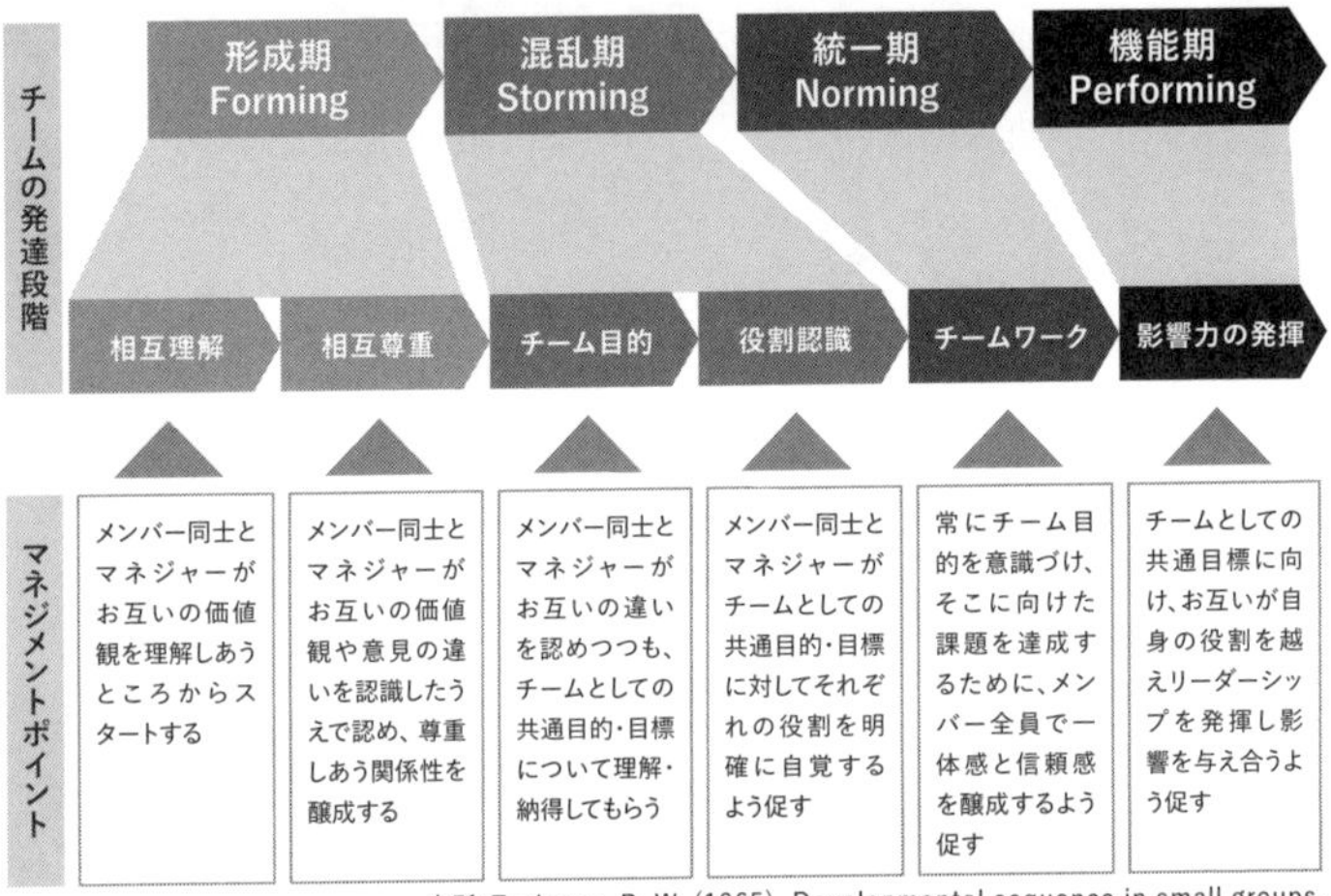

出所：Tuckman, B. W. (1965). Developmental sequence in small groups. Psychological Bulletin, 63(6), 384-399.に加筆

すでに、チーム編成でメンバーが固定してから1年以上経つようなチームであっても、これから見ていく形成期からの状態がうまくできていなかったとしたら、改めてリスタートを切るような感覚で進めてみてください。

ここからは組織の成熟度における「形成期」「混乱期」「統一期」「機能期」の段階に合わせて、組織マネジメントのポイントを見ていきましょう。

「相互理解」から「相互尊重」へ（形成期）

■価値観の共有

形成期において、相互理解から相互尊重へ進化することは、チームの基盤を築く上で極めて重要です。

この段階では、チームメンバーがお互いのことをまだ十分に知らない状態です。そのため、最初に行うべきは、各メンバーが互いの価値観やスキル、経験、仕事のスタイルを知ることです。これが相互理解の第一歩となります。

すでに形成されてから月日が立っているチームであっても、メンバーの属性は知っていても、価値観までをお互いに理解し合っているチームは意外と少ないものです。

相互理解は、メンバー同士の不安を軽減し、チームの中で「どんな人がどんなことを大切にしているのか、どのように貢献しようとしているのか」という認識を共有することで、安心感と信頼を育みます。

例えば、細かいことを含め上司に逐一報告するAさんと、他の人から尋ねられるまでは報告しないBさんが同じチームにいるとします。

Aさんの目線からBさんを見ると、「自分勝手に仕事を進めていて、組織人として失格だ」と見えてしまうかもしれません。一方、Bさんの目線からAさんを見ると、「上司に細かく聞くばかりで、依存的で自立できていない」と見えるかもしれません。これらの目線は、相手の表層的な部分だけを見た上で判断しているものと言えます。

しかし、Aさんは仕事をする上で、「報連相の徹底」と「ルールの重視」を大切にしているとすれば、「細かなことでも逐一上司に相談する」という仕事の進め方に納得ができます。一方で、Bさんは仕事をする上で、「自律した個人として仕事の幅を広げる」という考えを大切にしているとすれば、それはそれで納得できます。

つまり、AさんとBさんは仕事で大切にしていることが違うだけで、どちらの仕事の進め方が良い悪いというのは一概に言えないのです。

このように、**表面には表れていない深層的な理解を深めるには、2人が対話を重ねて、仕事で大事にしていることを知る丁寧なコミュニケーションが欠かせません。**そうすれば、相手に対して無用な不信感やネガティブなイメージを持たずに済むはずです。だからこそ、チームの他のメンバーがどんなことを考え、どんなモチベーションで仕事をしているのか、相互理解を深めることが大事なのです。

しかし、理解するだけではチームの本質的な協力は生まれません。そのため、相互理解を深める中で、次第に「お互いを尊重する」文化を形成していくことが必要です。

相互尊重とは、他者の個性や価値観を認め、違いを受け入れることです。この尊重が生まれることで、心理的安全性が確保され、メンバーが安心して意見を述べたり、挑戦的な行動をとったりできるようになります。さらに、他者を尊重する姿勢が広がることで、チームの雰囲気がポジティブになり、一体感が高まります。

インサイト

優秀な社員がいることが組織の成功を導くと思っていたが、実は「価値観の共有」が組織力を強める最大の要因だったんだ!

相互理解から相互尊重へ進化するプロセスは、形成期を円滑に越えるだけでなく、次の混乱期での対立を建設的な議論へと変える土台にもなります。このプロセスを通じて築かれた信頼と尊重は、チーム全体のモチベーションを高め、最終的には目標達成に向けた強固な協力関係を生み出すのです。リーダーはこれを意識し、チームの基盤を整える役割を担う必要があります。

■価値観カードを活用する

形成期で相互理解・相互尊重を醸成するためには、メンバー間の信頼と理解を深める活動が効果的です。

まず、個人的な経験の共有を通じて、メンバーが互いを知る機会を作りましょう。例えば、パーソナルヒストリーの共有やカジュアルなアイスブレイク活動を実施することで、親近感を育てます。また、各メンバーの得意分野や特性を可視化する取り組みも有効です。

メンバー同士の相互理解だけでなく、相手を尊重するところまで深めていく際、通常の業務時間とは別の機会を設け、お互いの価値観を知っていく必要があります。おすすめの方法は、図6-2のような「価値観カード」を使うことです。

6-2　価値観カード

勝利	承認	安定	責任感	利他的	志	全力	自律	挑戦	心地よさ	一生懸命	平穏な人生	躍動的な人生	一貫性	行動
財産	貢献	協力	礼節	創造性	好奇心	規律	多様性	義理人情	努力	共感	スピード	励まし	平等	冒険
仕事	冷静	経験	公平性	家族	効率	率直	自由	仲間	優しさ	グローバル	感謝	成長	調和	向上心
知恵	健康	正直	人間関係	謙虚	自立	影響力	主導	革新性	知性	おもしろい	親切	リーダーシップ	論理	チーム
ギャンブル	愛	几帳面	寛容	楽天的	秩序	組織	情熱	心の平穏	忍耐	個性	計画	遊び心	ポジティブ	コミュニケーション
確実	旅	プロフェッショナル	進歩・進化	慎重	合理性	尊敬	自己認知	自己犠牲	一体感	誠実	ステータス・地位	支援	信頼	変化

まずは、価値観カードに記載された90項目のうち、自分が大切にしている言葉を5つ選んでもらいます。選んだカードをお互いに見せ合いながら、なぜそのカードを選んだのか、組織の中で価値観を共有していくという簡単なルールです。

こうしたツールを用いながらお互いを知り、関係の質を深めていくと、組織内の対話の量も増えたり、対話から得られる新たな気づきが得られたりなど、相互に尊重し合える組織へと変わっていきます。もちろん、価値観カードは1つのきっかけにすぎませんが、マネジャーはまずきっかけを用意することも重要です。

特に営業組織においては、個々の価値観の多様性を理解し、人は自分とは異なる価値観を持っていることを前提として認めつつも、組織全体としての共通目標や行動指針を共有することが成功のカギとなります。全員が多様な価値観を持ちながらも、共通のゴールを目指して協力することで、組織全体のパフォーマンスが飛躍的に向上します。

さらに、定期的な対話セッションを設けることで、メンバーが自由に意見を交換しやすい環境を整えることも重要です。

例えば、「私が得意なこと」「サポートできること」「サポートしてほしいこと」などを共有する場を作れば、信頼関係が育まれます。そして、これらの活動を支えるために、リーダーが積極的に介入し、チームメンバーの意見を引き出し、多様性を価値として強調し続けることで、相互尊重の風土が醸成されます。

「チーム目的」と「役割認識」（混乱期）

「形成期」の次に組織に待っているのは、「混乱期」です。この混乱期をどう乗り越えるかによって、その後のチームの状態は大きく変わっていくので、非常に重要な段階です。

この混乱期の組織マネジメントに求められるのは、「チーム目的の理解」と「メンバー全員の役割認識」です。

仕事にせよ、勉強にせよ、人は「自分で決めて、納得して取り組んだとき」に最も高いパフォーマンスを発揮することができます。そこで大事なのは、目標を単に上から下に落として従わせるのではなく、メンバーも決定に参画させ、意見を交わしながら、1人ひとりが納得して自分で決めた上で行動に移せるような手順を踏むことです。

■チーム目的を明確にする

ここで「チーム」とよく誤解されるものとして、「グループ」があります。グループとは、「目標や集団での効果性を必ずしも求めない人の集まり」のことです。

一方、チームとは、「ある共通の目的のために集まった集団」を指し、メンバー全員が一貫した方向性のもと、同じ目標を目指して活動するのが特徴です。「共通の目的」があるかどうかがポイントで、これがグループとチームの違いでもあります。

ここでのチーム目的とは、**「このチームが何のために存在しているのか」**といった根本的なミッション、「将来どのような姿を目指すのか」というビジョン、「どうやってビジョンを実現していくのかという道筋」である戦略の総称です。これは第5章「戦略マネジメント」や、後述する第7章「ビジョンマネジメント」とも連動するものです。

特にミッションとビジョンは、チームの心を動かす拠り所として、常に全員が肝に銘じておくべきものです。

それを前提として戦略を展開しますが、第5章「戦略マネジメント」の章でも述べたように、メンバーが戦略をしっかり咀嚼し、理解できなければ実行は徹底されません。人が何らかの理論を聞いて実行に移すまでには、**「理解↓納得↓実行↓定着」**というプロセスを辿るので、チーム目的を明確にする際もメンバーの理解と納得が必要になります。

戦略を自分ごと化するには、メンバーの本気度を上げることが必要です。実際に本気度を上げるには、戦略立案時から「フェア・プロセス」が担保されていることが求められます。フェア・プロセスとは、マネジャーとメンバーがフェアな立場で意思決定に関わる過程のことを言います。

例えば、メンバーからお客様の声を聞き、その声からマネジャーはメンバーがどんなことを考えたのかをヒアリングします。その上で、自分たちに求められる活動を話し合い、最終的にマネジャーとメンバーが一緒になって戦略を決定することで、取り組む際の本気度が変わっていきます。

さらに、戦略を浸透する際に重要なポイントとして、マネジャーからメンバーに向けたメッセージが「数字を上げろ」「活動量を増やせ」といった類のものばかりにならないよう注意することです。

特に期初は、先期の活動はそのままで、新たな数値目標や活動目標が追加されるケースが多いはずです。混乱期においては、特にチームとしてのミッション、ビジョンを踏まえて、戦略を繰り返し伝えることが必要になります。その上で、「上げろ」「増やせ」のメッセージを伝えるときには、同時に「減らせ」「やめろ」の省力化のメッセージもセットにして伝えることで、戦略の納得度が急激に高まります。

例えば、「とにかくお客様の成功にコミットできるソリューション提案をしよう。一方で、お客様の成功につながらない単品提案はやめよう」などと、提案をするのです。

これがどこまで、何をするのか、基準を決めることであり、マネジャーとして基準に基づく指示ができていないと、メンバーは限界の活動量を超えたものを要求されているので、どの業務に対しても中途半端になり、実行の徹底ができなくなってしまいます。

■Ｎｏ．２の期待役割を明確にする

どれだけマネジャーが優秀でも、１人でできることには限りがあります。組織で動くメリットを最大化しようとするなら、参謀としてのＮｏ．２の設定は必須事項です。

スポーツで例えると、マネジャーが監督とすれば、Ｎｏ．２はチームのキャプテンに位置すると考えればわかりやすいでしょう。

Ｎｏ．２を育成するためには、その当事者に対して「求める役割を明確に伝える」「チーム運営について意見を求め、その意見を取り込む」「裁量を与えて仕事を任せる」「会議のファシリテーションを任せる」など、マネジャーは意識的に成長につながる働きかけを行っていきます。

多くの場合、マネジャーからの発信に対し、メンバーは職位に依るメッセージとして受け取るので、指示命令の色が強く出てしまいます。

そこにメンバーと同じ立場のプレイヤーであるＮｏ.２が入ることで、メンバーと対等な立ち位置から先導してくれる存在として期待できます。マネジメント側に立つマネジャーと、メンバーと目線の近いＮｏ.２が言うのでは、当然メンバーの受け取り方が違ってくるのです。

また、マネジャーは短期の目標達成から中長期的な人材育成まで、組織におけるあらゆることが求められますが、それをマネジャー１人で実務レベルまで進めていくとチームが回らなくなってしまいます。

そこで大事になるのが、**「Ｎｏ.２への権限委譲」**です。

マネジャーが立てた戦略計画に対し、実務上の遂行責任をＮｏ.２に委譲することで、チーム運営を機能させると同時に、Ｎｏ.２のマネジメント力向上にもつながります。

補足として、Ｎｏ.２候補者の選び方についてもお伝えします。前提として、Ｎｏ.２は自然に台頭してくるものではないので、マネジャー自らが選定する必要があります。

Ｎｏ.２の候補を選ぶ際には、「リーダーシップがあるか」「指示された業務を自分ごと化して、率先して行動できるか」「周囲の人からも認められているか」「組織や会社をよくしたいという強い問題意識を持ち、周囲にも気を配る利他的なマインドがあるか」などを日々の仕事への取り組み方から見ていきます。

ちなみに、Ｎｏ.２候補の選定にあたり、経験は必ずしも豊富である必要はないと考えています。仕事に対する意識や、メンバーに対する意識を持っている人の方が適性はあります。もちろん、営業成績を全く出していない人はメンバーから信頼されないので難しいですが、必ずしも経験だけをベースにして選ぶ必要はないということです。

この話をすると必ず、「うちのチームにはそんな要件を満たす人材がいない」という声が返ってきます。そういう場合は、マネジャーがＮｏ.２を育てるしかありません。

リーダーシップのあるＮｏ.２を育てるには、役割と行動要件、能力要件を明確化し、既存メンバーのポテンシャルを見極め、段階的な責任付与やトレーニングで育成します。

日常的にマネジャー自身がＮｏ.２候補者に対して権限委譲とフィードバックを習慣化することが重要です。

■メンバーの期待役割を明確にする

Ｎｏ.２を決めた後は、再びメンバーに目を向けます。続いて行うのは、マネジャーがメンバーそれぞれに期待する役割を明確にすることです。

役割を決めるにあたっては、これまでの実績や強みだけでなく、メンバーごとの価値観やキャリアビジョンも検討した上で役割を設定すると、役割への認識はさらに高まっていきます。

また、メンバーの役割を決める際には、マネジャーは必ずＮｏ.２と相談し、具体的にどんなことを期待して役割を任せるのか、すり合わせを行います。そして、マネジャーとＮｏ.２の間だけで役割を決めるのではなく、メンバーも加えた会議で各人がやりたいことを反映させた上で、図６－３のように役割を決定していきます。

メンバーごとに役割が決まれば、それを遂行するためにマネジャーがどのように関わっていくのか、そして、チーム目標を果たすための相互支援をいかにして行っていくのかを

6-3　メンバーの期待役割

	メンバー	実績・強み	価値観・キャリアビジョン	期待役割
No.2	長岡 賢一 （ながおか けんいち）	・新卒入社16年、39歳 ・トップセールス。坂本所長の補佐役。 ・新規開拓から既存深耕まで成果を出せるオールラウンダー	・論理と革新性 ・営業マネジャー	・No.2としてチームを統率してほしい ・後輩の指導・育成力を向上してほしい
成熟度［高］↑	陸奥 陽子 （むつ ようこ）	・中途入社8年、37歳 ・ニーズを押さえた提案力に定評あり ・企画構築と企画推進に力を発揮する	・創造的な仕事 ・専門性を生かした仕事	・新しい企画の案件を創出してほしい ・提案ノウハウの他のメンバーへの展開を増やしてほしい
	山内 容之 （やまうち ようすけ）	・新卒入社30年、52歳 ・最年長ベテランで意欲は低い ・過去の人脈パイプは広い	・旅とギャンブル ・人生100年時代の今後をどう生きていくか葛藤	・ベテランなりの活動をしてほしい ・人脈をノウハウを後輩に惜しみなく継承してほしい
	菅野 聡美 （すがの さとみ）	・新卒入社9年、31歳 ・与えられた仕事を淡々とこなす ・プレゼンテーションはチーム一番	・企画力を活かす仕事 ・陸奥をモデルとし、大きい案件を任されて存在証明したい	・新規開拓も積極的に推進してほしい ・お客様との密なコンタクトによって信頼関係を増やしてほしい
	近藤 惣太郎 （こんどう そうたろう）	・中途入社5年、29歳 ・やる気はあるが脱線しがち ・信頼関係構築力	・情熱と挑戦 ・企画提案力向上による営業としてのレベルアップ	・仕事の優先順位づけと計画管理を徹底してほしい ・提案力を向上してほしい
↓成熟度［低］	高松 一太 （たかまつ いちた）	・新卒入社2年、23歳 ・営業スキルは未熟で業績は悪い ・地道な対応力	・一体感 ・とにかく一日でも早く一人前になりたい	・仕事のスピードを徐々に上げていき量をこなしてもらいたい

検討します。

そして、メンバーごとの役割はマネジャーとの関係で完結するのではなく、チーム全員がお互いに共有している状態が望ましいです。そうすることで、足りない部分をお互いに協力し合う空気が醸成されていきます。

チームワーク（統一期）

「チーム目的」と「役割認識」を明確にしていくと、組織は「混乱期」から「統一期」の段階へと向かっていきます。

この段階でようやく組織はチームとして機能し始め、チーム全体で相乗効果が生まれ、信頼関係を基盤とした「チームワーク」が形成されるのです。

チームワークは、個々のメンバーの強みや役割が最大限に発揮され、それがチーム全体として相互作用して成果を生む状態を指します。この段階では、信頼関係が深まり、メンバー同士が協力し合うことで、チームが一体となって目標達成に向かう土台が整います。

特に重要なのは、**メンバー全員が自分の役割を理解し、それを他のメンバーと補完しながら、チーム全体の成功に貢献する姿勢を持つこと**です。信頼と尊重を基盤としながら、共通の目標に向けて一致団結することが、統一期におけるチームワークの本質です。

この段階でチームワークを醸成するためには、いくつかの取り組みが効果的です。営業組織における統一期は、個々の成果が集約され、チーム全体のパフォーマンスが高まる段階です。この段階を効果的に進めるには、目標と役割の浸透、成功体験の共有、プロセスを重視した評価と称賛、コミュニケーションの質の向上、そして一体感を高める取り組みが欠かせません。

まずは、チーム全体で共有する営業目標を、メンバーごとの具体的な役割と結びつけていきます。

例えば、戦略マネジメントで立案した戦略目標の中で、「物流業界における新規顧客の開拓」があると、この戦略目標を実現すれば、チームにとってどのような意味をもたらすのかを共有した上で、商談件数や成約数といった具体的な目標を設定します。

ほかにも、「既存の重点市場である小売業に対する売上拡大」があれば、リピート率やアップセルの成果を明確に求めることができます。これにより、各メンバーが自分の活動がチーム全体の目標達成にどう貢献するかを理解し、役割に責任を持つようになります。

また、ＳＦＡやＣＲＭなどの営業支援ツールを活用し、目標達成までのプロセスを可視化することで、チーム全体の進捗状況をリアルタイムで把握できるようにします。このように、目標と役割を整理することで、メンバーの行動に一貫性と目的意識が生まれます。

続いて、チーム全体の営業力を向上させるには、成功事例を共有する取り組みが欠かせません。

例えば、自社に発注いただいたお客様に対して、「どの段階で、なぜ自社に決めていただいたのか」をインタビューすると、今後の活動に重要な示唆を得ることができます。あるいは、トップセールスがこれまでの商談でどのように顧客の課題を引き出し、提案に結びつけたかを具体的に解説する、そういったナレッジ共有の場を設けます。

また、ロールプレイング形式で顧客との模擬的なやり取りを行い、断られた際の切り返し方や、競合製品との差別化を説明する練習を行います。これにより、メンバー全員が成功するためのスキルやノウハウを共有し、営業活動への自信を深めることができます。第2章で見た「案件攻略検討会」も、チームワークを高める上でも有効です。

営業現場では、目に見える成果だけでなく、プロセスを評価する姿勢も大切です。

メンバーの商談準備や顧客へのフォローアップ、進捗状況の共有など、数字には表れにくい行動にも注目し、それを称賛する文化を醸成します。例えば、週次ミーティングの中で「最も工夫を凝らした提案書を作成したメンバー」や、「顧客の潜在的な課題を引き出す新しい質問法を試みたメンバー」を称える時間を設けます。こうした取り組みにより、メンバーは自身の努力が正当に評価されると感じ、さらに積極的に行動するようになります。

また、営業チーム内でのコミュニケーションの質を高めることも重要です。

日次でスタンドアップミーティングを行い、各メンバーが「昨日の成果」「今日の目標」「現在の課題」を簡潔に共有する場を設けると、情報共有のスピードが向上します。さらに、課題をチーム全体で議論するオープンな環境を整えることで、問題解決のアイデアをメンバー間で補完し合える関係を築けます。また、デジタルツールを活用すれば、これらの情報をリアルタイムで共有し、いつでも振り返られるようにできます。

最後に、営業組織としての一体感を高める取り組みを行います。

例えば、営業コンテストを開催し、チームごとに新規リードの獲得数や商談件数を競い合うことで、メンバー間の連携を強化します。また、模擬的な顧客課題をチーム全体で解決するワークショップを開催し、協力して成果を生む体験を共有することも有効です。

さらに、感謝を伝える文化を作るために、メンバー間でお互いの貢献に感謝を表明するしくみを導入するのも効果的です。

こういった施策は、アイデア次第で色々と考えられますが、よくあるのがマネジャーが思いついたことを中途半端にやってしまうことです。もしやるのであれば、しくみ化して徹底しないと、メンバーの不信感につながるので注意が必要です。

インサイト

組織文化は上層部が示す方針やルールで決まるものと思っていたが、実は日常的に行われる会話や行動がそのまま文化になるんだ！

組織文化は方針やルールによって作られるわけではなく、実際には日々のコミュニケーションや上司の振る舞いが文化として浸透していくのです。

特に営業組織では、上層部がどのように顧客に接しているか、メンバー同士での助け合いがどれだけ行われているかが、組織文化に直接の影響を与えていくのです。

こうして組織の中で一体感と信頼感が醸成されていくことで、組織は最終段階の「機能期」へと変わっていきます。機能期の組織では、お互いが自身の役割を超えてリーダーシップを発揮し、影響を与え合うようになっていくのです。

「リーダーシップ」と「フォロワーシップ」（機能期）

■リーダーに「喜んで」ついてくるかどうか

私たちが考えるリーダーシップとは、**職位に依らず組織目標達成のために周囲に対して発揮する肯定的な影響力のこと**です。わかりやすく言うと、「人が人に与える影響力」のことです。これはマネジャーと呼ばれる人だけではなく、組織の一員であれば誰でも発揮することができます。

リーダーが影響力を発揮し、それを受けてフォロワーが「喜んで」ついてくることと定義しています。ここで挙げたリーダーシップは、組織の成熟度における「機能期」に特に求められるもので、組織マネジメントではこの段階のリーダーシップを目指して進めていくことになります。

例えば、AさんとBさんの2人のリーダーが同じことを言った時、メンバーはAさんの話は聞けても、Bさんのことは聞けないというケースはよく見られます。この差は多くの場合、リーダーの影響力の発揮に対し、メンバーが「喜んで」ついてくるかどうかの差なのです。

リーダーもメンバーも感情を持つ人間なので、話す内容がどれだけ正しくても、聞けない、従いたくないという気持ちは出てくるものです。その中でも、「この人についていきたい」と思われるかどうかの差は、**日々の言動の積み重ね**から生じるのです。

中国の古典に『慎独《しんどく》』という教えがあります。これは**「自分1人の時でも、行いを慎み雑念の起こらないようにすること」**です。リーダーは人が見ていない時にこそ真価が問われるということです。

チーム全員がリーダーシップを発揮できるように、マネジャー自身が「慎独」の考えを率先し、周りからの信頼を得なければなりません。

■上方影響力

マネジャーがフォロワーを得るには、リーダーとしての求心力が必要ですが、その源泉の1つが「上方影響力」です。具体的には、職位が上の者に対しても影響力を発揮することができるかどうかを意味します。この力が低ければ、マネジャーがメンバーに対して多く関わるほど、メンバーの満足度は低くなります。例えば、あるマネジャーは部下によく関わり、相談にも乗ってくれるけれど、上層部に対して何も働きかけてくれない、何も動いてくれないとなれば、「この人に言ってもムダだろう」とメンバーは勘づいてしまうのです。

皆さんがメンバーだった頃も、こんなリーダーはいなかったでしょうか。自分たちには強権を発動するけれども、上層部の前になると、とたんにイエスマンになってしまったり、「しかたない」が口癖だったり。

リーダーたるもの、確固たる基軸を持ってブレず、チームビジョンの実現に向けて現場の事情を理解するよう上層部への働きかけは必要なのです。

上方影響力を発揮するためには、日頃から上層部に意見を伝える習慣を持つことが大切です。例えば、定例会議の場で現場の課題や改善案を具体的なデータに基づいて提案する、上層部とメンバーをつなぐ施策を実行するなどの行動が求められます。これにより、メンバーは「このリーダーなら自分たちの声を届けてくれる」と感じ、信頼感と求心力が高まります。

ただし、「リソース不足」という問題に対し、単に「人を増やす」という解決策を主張しても逆効果になるケースが多いので要注意です。

■メンバーに必要なフォロワーシップ

チームの全員にはリーダーシップとともに、「フォロワーシップ」を発揮することも求められます。フォロワーシップとは、組織に貢献するために自律的に考え、受け身ではなく能動的にリーダーと組織を支援し、他メンバーに働きかけることを指します。

この「リーダーシップ」と「フォロワーシップ」は、相互に補完し、相乗効果を生み出す関係にあります。例えば、リーダーが主導するのに対して、フォロワーはリーダーを支え、リーダーの決断に対して、フォロワーは提言を行うという関係です。

このように、マネジャーとメンバーがリーダーシップとフォロワーシップの両方について理解することで、信頼関係の構築はさらに進んでいきます。

フォロワーシップの発揮には、「貢献力」と「提言力」が必要です。貢献力とは、組織の決定やリーダーの方針を前向きに受け止め、その実現に向けて積極的に動く行動力のことです。一方で、提言力とは、組織の決定やリーダーの方針を主体的に理解し、チーム全体最適のために建設的な提言を行う発言力のことです。

マネジャーは、こうしたメンバーのフォロワーシップを醸成することも役割の1つです。**貢献力を高めるためには、営業としてビジネスゴールにつながるプロセスの活動を、チームの誰よりも率先して行動に起す人を育てましょう。**これを「プロセスリーダー」と言います。

さらに、プロセスリーダーは、行動したプロセスを第3章「人材マネジメント」で見た〝経験学習サイクル〟に基づいて概念化し、他のメンバーとも共有し、チームに貢献する人に育てましょう。これを「ナレッジ共有リーダー」と言います。

営業チームの会議をデザインする

■ファシリテーションで対話を作り出す

チームワークのある組織に共通するものを1つ挙げると、会議の中で「対話が生まれている」というのがあります。チームワークを醸成するためには、対話によるメンバーそれぞれの自己決定が大事だからです。

しかし、多くの会議では「対話」は生まれづらく、数字の確認と各営業パーソンの成績に対する指摘がほとんどです。

私たちもクライアントの営業会議に参加する機会がありますが、会議室に入った瞬間、そのチームが活性化されているかどうかがわかってしまうものです。会議の前後でもそこかしこで対話が生まれている組織は、会議中も活発な意見交換があるものです。しかし、活性化しているチームでも、数字の話になった途端に活性化しなくなるチームも見られます。特に、営業組織は成績不良者と若手は発言しづらいケースが多くなります。

そこを打破するためにも、マネジャーはチームの対話を促進する「ファシリテーション」を行います。

ここで言う「対話」とは、上司と部下の役割による指示命令といったコミュニケーションではなく、対等な立場による相互作用を目的とした会話です。

組織としての競争力を高めるために、数字を前提とした会話だけではなく、対話を通して生まれる「共感や感謝」により作られた組織文化が、競争力を生み出す土台になります。感謝や共感が自然と生まれる組織の方が、社員のエンゲージメントは高くなり、チーム全体として主体的に動きやすくなります。これが結果的に、組織全体の競争力を引き上げる原動力となり、数字という成果へとつながっていきます。

■優れたリーダーはファシリテーション力が高い

ファシリテーターが注意すべきは、メンバーの対話の質が高まっているかどうかです。言いたい人が言いたいことを一方的に言うだけでは、チームとしてのシナジーが生まれません。メンバーが同じ方向を向いて建設的なやり取りが行われているかに注意を向けます。その際に意識すべきは、会話の「発散と収束」です。

対話の場では制約を設けず、まずはメンバーが発散してアイデアを出し合います。考えていることをそれぞれが話し、選択肢になるようなものを揃えます。次に、出てきたアイデアを整理して、どれをチョイスするか、収束させるために絞り込みます。こうして「発散→収束」をさせた後に、営業活動で何を行うのかを決め、計画を立てていきます。

もう1つ、ファシリテーションのポイントは、マネジャーはメンバーに対し「過去の経験だけで話をさせない」という制約を設けることです。

自由にアイデアを出し合える場になると、過去の成功体験が豊富なベテランのメンバーばかりが話してしまいがちです。すると、経験の浅い若いメンバーは「自分にはまだ人に話せるような経験がない」と萎縮し、発言しにくくなってしまいます。マネジャーはこの点をフォローし、「まだやったことはないけれど、こうしたことができるのではないか」など、未来のアイデアが出てくるよう仕向けることが大切です。

■「ヌルい組織」にならないために

最後に、「組織マネジメント」で気をつけたい「心理的安全性」について触れておきます。

アメリカのGoogle社が自社で行った調査では、組織の中で自分の考えや意見を、誰に対しても発言しやすい「心理的安全性の高いチーム」の方が、より高いパフォーマンスを出せると公表後、すでに多くの人に認知された組織論になりました。

しかし、心理的安全性がもてはやされた結果、職場によっては心理的安全性を拡大解釈し、いわゆる「ヌルい組織」になっているケースが散見されます。こうした組織は心理的安全性が高くても、仕事の品質基準が低いというのが特徴です。

その一方、仕事の品質基準が高いレベルの組織は、高いパフォーマンスを発揮したまま、心理的安全性とも相容れないわけではありません。こうした組織は、学習しながら成長でき、かつ結果も同時に達成しているのです。マネジャーが目指すべきは、図6－4にある「学習する組織」です。

できることだけやっていてはメンバーの成長は望めないので、その人の能力より少し上のハードルを設定し、これを超えることで日々の成長を促すことが求められます。その際に、「何をどこまでのレベルで行うのか」の基準を明確にすることもマネジャーの大事な仕事です。

チームとして個人の成長を支え合いながら高めていければ、チーム自体の実力が向上し

6-4　心理的安全性と仕事の基準マトリクス

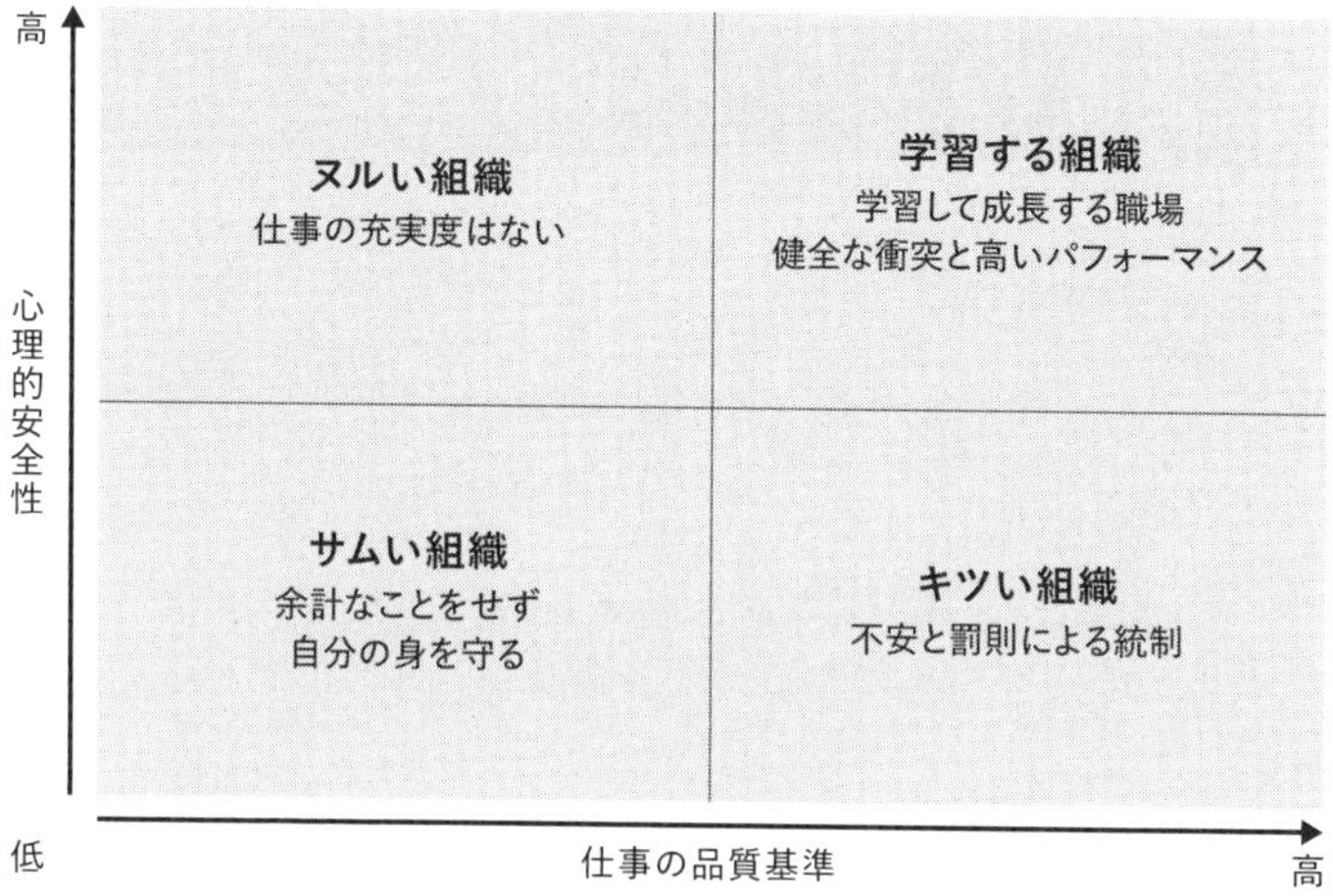

出所：Edmondson, A. (1999). Psychological Safety and Learning Behavior in Work Teams. Administrative Science Quarterly, 44(2), 350-383.に加筆

ていくはずなのです。心理的安全性を高めることは前提として、それだけを求めているとヌルい組織になる副作用もあることを理解しておきましょう。

また、心理的安全性が高く、仕事の品質基準も高い「学習する組織」では、健全な衝突（ヘルシー・コンフリクト）が促進されるといった特徴があります。チームの機能期では、お互いの信頼関係を基盤にしながら、目指す理想像に向けてヌルさを許さず、全員で切磋琢磨しあう環境づくりがマネジャーには求められます。

「組織マネジメント」のケーススタディ

「組織マネジメント」についてより理解を深めるために、実際の営業現場を想定した「ケーススタディ」を掲載します。

自身の組織と置き換えて、どうすれば「組織マネジメント」を実践できるのか、下記の「問題」を考えながら読み進めてください。

問題

①：「組織マネジメント」の面から考えて、坂本のマネジメントはどこに問題があると思いますか？

②：あなたがマネジャーとして営業所を預かるとしたら、どのようにメンバーのチームワークを高めていきますか？

登場人物

勝海（医療機器メーカーの営業統括部長）

坂本（南関東営業所のマネジャー）

長岡（南関東営業所のトップセールス）

陸奥（南関東営業所の中堅セールス）

高松（南関東営業所の若手セールス）

シチュエーション

①下半期の追い込み

下半期も半ばを過ぎ、南関東営業所では通期での目標達成を目指し、ラストスパートをかける段階に入った。ところが営業所には、発奮どころか活気そのものが感じられない。

マネジャーの坂本は最近、「営業所の活気のなさ」に懸念を覚えていた。

そこで下半期のはじめから、坂本は自ら率先してメンバーと関わり、営業同行や面談を増やしてメンバー支援に乗り出してみた。しかし、なぜか営業所の活気は失われていく一方だった。なかでも若手の高松は、顔を合わせるたびに沈鬱の色を深めていくようになっていた。

「もっと高松をフォローしてやってほしい」と高松の先輩である長岡に伝えたとき、長岡の反応からして、状況はあまり改善していないことがわかった。もしかしたら、高松と長岡の関係性そのものが悪くなっているのかもしれない。

②坂本の打ち手

そこで坂本は、長岡を高松のフォローから外し、代わりに自分が高松の営業支援を行うことにした。

高松はどうやら自分への自信を失っているようだ。そこで同行を増やして、面談のやり方を見せてやりながら、高松の営業活動に足りない点や改善点を教え、自信を引き上げてやらなければと考えてのことだった。

その旨を高松に伝え、同時に長岡にも話を通した。

「高松は伸び悩んでいるようだ。君にフォローを任せたが、高松がますます意欲を薄れさせていることから考えて、うまくいっているようには思えないから、高松のフォローは私が引き受ける。君は数字での貢献に専念してほしい」

坂本の言葉を受け、長岡は表情を強張らせた後、短く「わかりました」とだけ答えた。長岡は坂本の指示通り、目標達成に向けて、それまで以上に精力的に自身の活動に取り組むようになった。

長岡がプレイヤーに徹するようになったことで、営業所の業績は明るい兆しを見せ始めた。高松も、坂本の支援を受けて表情が少しずつ明るくなってきているようだ。しかし一方で、営業所の雰囲気はどんどんと冷ややかさを増していったのである。

③変わらない営業部と、上層部からの指摘

坂本自身、営業所内の空気の変化には気づいていた。

もとより、医療機器の営業は個人活動が主体だった。直行直帰が多く、メンバー全員が顔を揃えるのも、週に1回のミーティングや月曜の朝会のときぐらいしかない。

そういう意味では、個人主義的な雰囲気が強い職場環境といえる。

だが、その度合いがさらに強まっているように感じられ、気がかりになっていたのだった。

以前はミーティング後に長岡がメンバーの相談に乗ったり、メンバー同士が軽く雑談を交わしたりする場面が見られたが、長岡が高松のフォローを外れて以降は、そうした様子もなくなっている。

そもそも個人主義的だったチームの雰囲気が、月日を追うごとにますます「人のことは我関せず」となっていく様子を見て、坂本の中には「これはどうにかしなければいけない」という思いが強まっていった。

ある日のミーティング、営業統括部の勝海部長のしかめ面がアップになって現れた。

営業所の現状を見かねて、「坂本所長は社の方針である『各営業所のメンバーが一丸となり、創意工夫して新規先を増やす』ということを正しく理解しているのか」と勝海部長からの指摘がなされたのだ。

④勉強会

営業所の現状と、上層部からの指摘を受けて、坂本は考えを巡らせた。

お互いが手を差し伸べて、助け合える組織にしていくには何が必要なのか。

メンバー同士の結束を高めて、個人主義をなくすには何をしたらよいだろうか。

思いついたのは、全員参加の企画やイベントの実施だった。そこで手始めに、ナレッジ共有を目的とした社内勉強会を定期的に実施していくことを決めた。

それぞれの活動の工夫点や成功体験などを全員で共有し合うことで、個々の活動のヒントにもつながる。高松のような若手にとっても、いい勉強になるだろう。

そして、話し合いの場ができれば、メンバー同士の距離も近くなるはずだと思ったからであった。

勉強会のレクチャー役はメンバーの持ち回りにすること、テーマに関しては坂本の方で話してもらいたいことを割り振ることも決めた。こうして坂本は、次のミーティングでメンバーたちに社内勉強会の件を伝えることにしたのであった。

⑤さらなるマネジャーの苦悩

そしてミーティングの日、簡単な状況報告を終えて、坂本は早速勉強会の件をメンバーたちに話した。

メンバーは誰ひとり口を開かず、黙って坂本を見つめている。坂本の提案に対して、異論や不満がすぐさま具体的な言葉として出てくる気配はなかった。だが、場には明らかに白けた空気が漂っている。

言葉にこそなっていないが、メンバーが坂本の話をどのように感じているかは、その表情が如実に物語っていた。

「またか。所長の思い付きで面倒くさいことをやらされてうんざりだ」

「ただでさえ人も少なくてやることが多すぎるのに、これ以上拘束されたらたまらないよ」

坂本としては、それぞれの経験を共有し、忌憚なく話し合いをすることで、メンバー同士の距離が近づき、チームの営業レベル向上にもいい結果をもたらしてくれるに違いないと考えて始めた社内勉強会だった。

しかし、坂本が意図するようには進まなかった。

1回目こそメンバー全員が顔を揃えたが、渋々参加したという空気感は強く、レクチャー役に指名した陸奥の話もプロセスを説明するだけに留まり、メンバーの参考となるような話は出てこないまま終了時間を迎えてしまった。

以降、回数を重ねるごとに、業務を理由にして参加メンバーが減っていき、メンバー間の風通しは一向によくならず、勉強会は続かずに終わってしまった。

チームの一体感を高め、互いに関わり合いながら成長していける組織にしたいという思いが届かないことに、坂本は「うちの営業所メンバーは、なぜこんなにも全員が個人主義なのか」と大きくため息をつくのだった。

「組織マネジメント」におけるマネジャー坂本の問題点

①メンバーの納得が得られないまま、一方的に方針を伝えてしまっている

社内勉強会を実施したのは、坂本の中に次のような思いがあったからでした。

- チームの士気を上げたい
- 個人主義をなくし、メンバー同士の結束を高めたい
- 互いが手を差し伸べ、助け合える組織にしていきたい

しかしミーティングでは、その思いが十分に伝わっているようには見えません。「なぜ勉強会をやるのか」「何のために勉強会が必要なのか」「勉強会をやることが、今のチームにとって、ひいては営業部にとってどのような価値があるのか」を、言葉を尽くして語らなかったことが原因といえるでしょう。

また、社内勉強会を坂本が1人で考え、すでに決定事項としてメンバーに伝えていることも原因の1つです。メンバーの意見や考えを募り、耳を傾けようとする姿勢も見受けら

れませんでした。

さらに、営業所内の雰囲気が冷ややかになっていった一因は、若手の高松のフォローから長岡を外したことにあります。ここでは、フォローから外したこと自体は悪くないのですが、問題はそのやり方です。

ここでも坂本は、長岡との事前の話し合いもなく、一方的にフォローから外すように進めていました。そのため長岡は不快感を覚えしまったと考えられます。

すなわち、坂本はすべて一方的にメンバーに伝え、一方的にやることを決め、メンバーの納得がないまま事を進めていたのです。

大事なのは、メンバーの納得感を得られるよう、「勉強会を行う目的」「なぜ必要なのか」「どんな価値があるのか」をしっかりと伝え、勉強会を実施する可否も含めて、メンバーと話し合いながら進めていくことなのです。

②チームワークを醸成する働きかけができていない

「組織やチームとしての一体感」を目的として、社内勉強会をやろうと考えたのであれば、

「勉強会の内容をどうするのか」「どのように進めていくか」はメンバーに考えさせ、メンバー主体で動いていく方が効果は高くなります。

しかし、①にあるように、坂本はすべて一方的に決めて進めています。そのため、メンバーの中には自分ごととして施策に取り組んでいくという思いが生まれず、形式的な勉強会をやっておしまいになっている様子がわかります。

坂本が考えるように、互いが手を差し伸べ、助け合える組織にしていくには、「チームがバラバラな状況が心配である」ことを正直に伝え、それを解消するにはどうしたら良いかをみんなで話し合い、メンバーを巻き込んでアイデアを出し合っていくところから始める必要がありました。

さらに、決まった施策の企画と実行はＮｏ．２のリーダー、すなわち長岡に任せ、メンバーたちが自ら取り組んでいく下地を作る必要もありました。そうすれば、メンバー間のコミュニケーションが深まり、リーダーとしての長岡の成長にもつながっていったことでしょう。

まとめ

- 組織マネジメントとは「自チームのビジョン・戦略に基づいて組織を導き、人と人の関係性や相互作用を強化することでチームのポテンシャルを最大限に引き出す手法」のこと
- 組織の発達段階にしたがい、「機能期」の段階で目指す「リーダーシップを発揮できる人」を組織内に増やしていくことが、組織マネジメントのカギになる
- リーダーシップとは、リーダーが影響力を発揮し「人が人に良い影響を与えること」であり、それを受けてフォロワーが「喜んで」ついてくること

第7章

ビジョンマネジメント

近くを見るから船酔いするんです。100キロ先を見てれば景色は絶対にぶれない。
ビジョンがあれば、少々の嵐にもへこたれません。

孫正義（ソフトバンクグループ創業者）

「ビジョンマネジメント」が出発点

「はじめに」でも触れましたが、本書ではビジョンマネジメントを最後に配置しました。本来、ビジョンは最初に設定されるべきものです。なぜなら、ビジョンは組織全体の方向性を示す羅針盤であり、すべての活動を統一し、目指すべきゴールを共有する出発点となるからです。

しかし、本書では読者が現場の課題を具体的に理解し、俯瞰的な視点を段階的に身につけるための構成として、ビジョンマネジメントを最後に取り上げています。その背景には、営業ビジョンが「全社ビジョンを受け継ぎながら、営業特有の現実を踏まえて再定義されるべきものである」という考えがあります。

営業現場では、日々の活動が顧客対応や成果の追求といった具体的な課題に直結しているので、ビジョンという抽象的な概念が「遠い話題」に感じられがちです。そのため、戦略的観点でのマネジメントテーマ、人・組織的な観点でのマネジメントテーマなど、具体的なテーマを積み上げながら、最終的にビジョンの重要性を理解できる構成にしています。
この順序にすることで、ビジョンが単なる理想論にとどまらず、「営業現場で機能する現実的な指針」として腹落ちすることを目指しています。

また、本書では「プロセス」「顧客」「人材」「市場」「戦略」「組織」といった営業活動の基盤を整え、それらを統合するゴールとしてビジョンを提示します。こうすることで、読者は各章を読み進める中で、自然と「ビジョンを最初に掲げるには具体的な基盤が必要だ」という理解に至ることを狙っています。

人は理だけでは動かない

一般的な営業組織では、全社で設定されたビジョンをそのまま踏襲する場合が多く、チーム独自のビジョンを設定するケースはほとんどありません。しかし、営業組織が戦略や方針を描き実行していく際には、全社のビジョンをそのまま受け取るだけではメンバーの遂行力は上がっていきません。

第6章「組織マネジメント」でも見たように、チーム目的が重要です。全社における営業機能として、「自チームの存在意義はどういったものなのか」という指針がなくなると、営業がツライ仕事で魅力が低いという、特に若い人のあらぬ誤解を生んでしまいます。

ここで必要なのは、「営業活動の先に何があるのか」、チームとしてビジョンを創ることです。なぜなら、メンバーが日々の営業活動をする際、単に数字という合理性を追求するだけでは人は続かないからです。

実際に、私たちのお客様先の営業マネジャーから次のような声を聞きます。

営業マネジャーの声

「方針を展開してもメンバーの理解は不十分のままで、理解しようとする気概も薄いように感じる」

「メンバーの業務量も多く、やらされ感からメンバーの熱量が上ってこない」

そもそも、人は「こうでなければならない」という義務感や、「これが効率的かつ理屈にかなった方法だ」といった「理《ことわり》」だけを拠り所にしていては、継続的に成果を上げていくことはできません。

「自分たちが今やっていることは、将来の何につながり、どんな経験や成長を得られるのか」をビジョンとして掲げなければ、チーム、そしてメンバーの心を1つにすることが非常に難しい時代なのです。

逆境に直面したとき、「なぜ私たちは、自らを厳しく律して営業活動をしているのか」について、根源となるビジョンに立ち返ることで、息切れしそうになる局面を乗り越えることができるはずです。

ビジョンとは「将来における理想の状態」を指し、「いつまでに、どのような姿を目指すのか」を描くものです。ビジョンは抽象的な概念で、営業組織が成果を上げるには「目指したい姿」を明確にし、組織全体で共有することが不可欠です。

例えば、ある営業組織が「前年比20%の売上成長」という具体的な数値目標を掲げると同時に、ビジョンとして「顧客が気づいていない成長機会を見出し、実行支援までを伴走する『収益創出型』の営業チームを目指す」を設定したとします。

このビジョンは、単なる売上追求にとどまらず、顧客が気づいていない課題や成長機会を先回りして提案し、その実現までを支援する営業のあり方を示しています。

このビジョンが組織に浸透することで、メンバーは売上目標の達成に向け一貫した行動をするだけでなく、顧客との信頼関係が深化し、中長期的な収益基盤の拡大にもつながります。この例は、「売上」という絶対的な成果を追求しながらも、ビジョンが組織の方向性を強化し、顧客価値を最大化する原動力になることを示しています。

また、全社におけるビジョンは、企業全体の大きな方向性を示すものです。

一方、営業組織のビジョンは、全社ビジョンを受け継ぎつつ、「営業という機能で顧客にどのような価値を提供するのか」「会社全体にどのように貢献するのか」を具体的に示すものです。このビジョンがあることで、営業組織は単なる業績達成のための部門ではなく、顧客や市場に価値を生み出し続ける存在として機能します。

営業ビジョンを明確にすることは、売上目標を達成するための強力な指針となります。

そして、組織全体がそのビジョンに向かって一体感を持って進むことで、短期的な成果だけでなく、持続可能な成長を実現する営業組織へと進化していけるのです。

ビジョンマネジメントとは何か

「ビジョンマネジメント」について、本書では次のように定義しています。

> 上位組織の方向性を受けて担当する市場のニーズに応え、自チームのありたい姿を、志を込めて明確に描いたチームビジョンを一丸となって目指す手法。

ビジョンマネジメントでは全社のビジョンを実現するために、メンバーの心を1つにし、組織として力を最大化させる働きかけや環境づくりを行っていきます。

7-1　ビジョンがある組織とない組織の違い

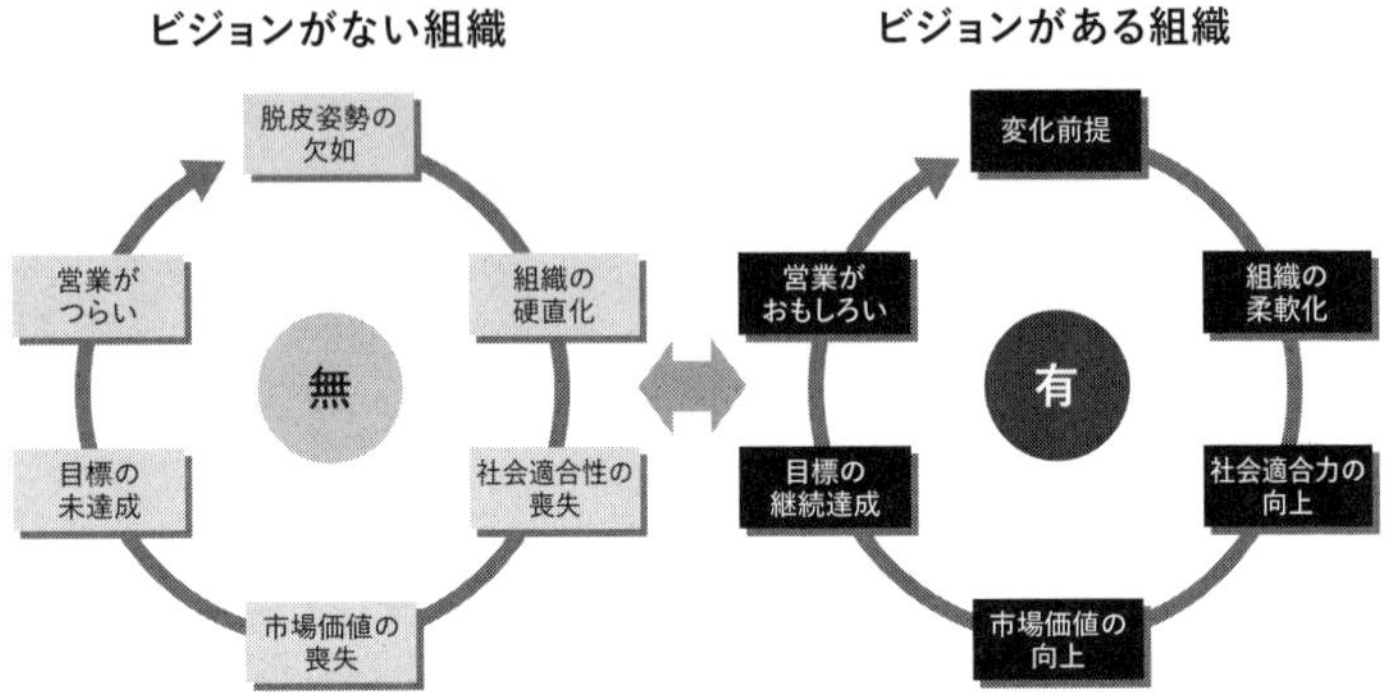

図7－1のように、ビジョンがない営業組織ほど、「人も組織も、成長しながら成果を出していくものだ」といった姿勢が欠如しているように見受けられます。すると、組織はあっという間に硬直化し、社会の変化に対する適合力は失われていきます。その結果、組織は市場からも取り残され、いつまで経っても目標は達成できず、営業活動が楽しくなくなるという負のループにつながるのです。

その一方、**ビジョンがある組織は、前提として「人も組織も変化するものだ」という柔軟性を持ち、お客様の声に反応しながら変化していきます。**組織に柔軟性があれば、社会や市場の変化にも適合しようと現場から工夫が生まれていくのです。

そうして、お客様からの信頼を獲得し、目標を達成し続けていくと達成感を得られ、「営業の仕事のおもしろさ」を感じながら成長していくという好循環が生まれていきます。

ミッション・ビジョン・バリューの違い

ビジョンに似た言葉として、「ミッション」や「バリュー」といった言葉もよく使われます。これからの違いについても、簡単に触れておきます。ミッション、ビジョン、バリューは、それぞれ組織の方向性や行動を支える重要な概念です。

まず、ビジョンは前述したように「将来における理想の姿」を指し、営業組織では、全社ビジョンを土台にしつつ、自分たちが市場や顧客に対してどのような価値を提供する存在でありたいかを描くものです。

例えば、「市場で最も信頼される営業チーム」や「顧客と共に価値を創出するパート

7-2　ミッション・ビジョン・バリューの違い

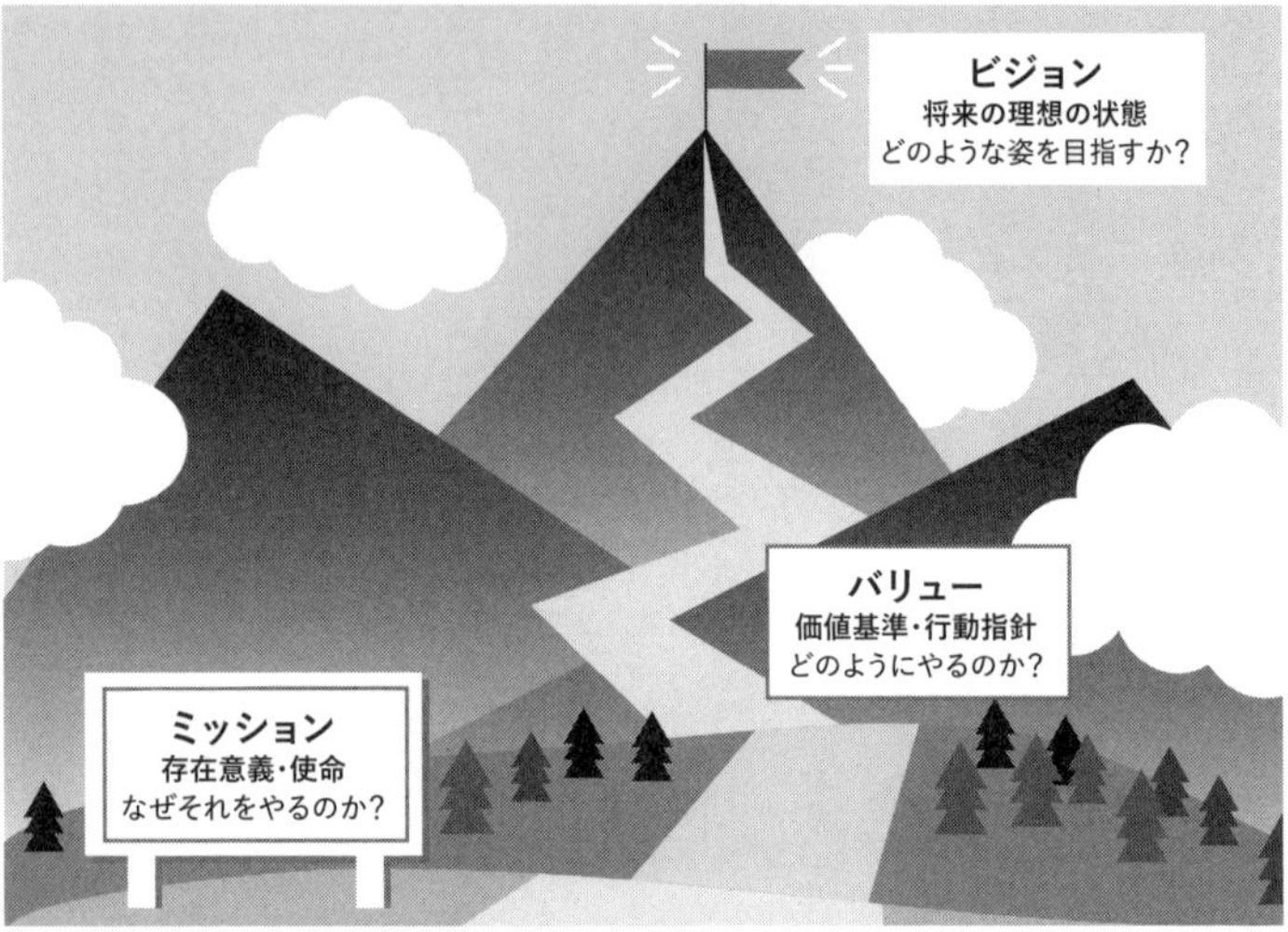

ナー」といったものが該当します。

一方、ミッションは「組織の存在意義や使命」を示し、「なぜこの仕事に取り組むのか」を明確にするものです。営業組織においては、「中堅企業が抱えるＤＸ推進の課題を解決し、競争力を強化する」といった具体的な使命を通じて、自らの意義を市場や顧客に示します。

そしてバリューは、「組織の価値観や行動基準」を指し、日々の業務でどのような姿勢や考え方を大切にするのかを示すものです。「常に顧客ファースト」「営業のよろこびは自らが創る」といった行動基準が該当します。

これら3つを考える上で特に注意すべき点は、「外部との関係性」から見出されるということです。

例えば、競合の大手企業と同じ手法を取っているだけでは、顧客から「この会社である必要はない」と見なされる可能性があります。市場環境や顧客の期待に応えられなければ、組織の存在意義は認められません。そのため、営業組織がミッションを考える際には、「いま自分たちが市場で活動する意義は何か」という問いを外部環境と向き合いながら答えを導き出す必要があります。

ビジョン、ミッション、バリューを明確に定義し、営業組織としての方向性を全員で共有することが、目指すべき成果を実現するための重要なステップとなるのです。

ビジョンを浸透させる6つのステップ

ビジョンは、組織の方向性を示す上位概念であり、外部環境を包含した長期的な理想像を示します。営業組織が全社ビジョンを自らの活動に落とし込み、効果的に浸透させるには、次の6つのステップに基づいた体系的なアプローチが必要です。

①全社ビジョン・戦略を深く理解する

全社ビジョンや戦略の背景にある意図、目的を深く理解することが、ビジョン浸透の第一歩です。全社ビジョンは外部環境や長期的な事業計画を踏まえて策定されますが、営業組織においては、その意図を現場に適した形に解釈し直すことが求められます。

例えば、上層部が掲げる「デジタル化による業界の革新」というビジョンを、営業現場では「顧客データを活用した効率的な提案活動」に翻訳するなど、現場レベルでの具体性を付与します。このプロセスを通じて、ビジョンが抽象的な理念ではなく、日々の行動に結びつく方向性であることをメンバーに示します。

②外部環境の変化をビジョンの文脈で捉える

外部環境の変化をビジョンの文脈で捉え、営業組織の活動にどのような影響を与えるかを再解釈します。

ビジョンは外部環境を包括するものであり、単なる戦略や行動計画とは異なる上位概念です。そのため、PEST分析や競合分析を活用しながら、外部環境が全社ビジョンや営業活動にどのように関連するかを具体化します。

例えば、「顧客体験の革新」が全社ビジョンに掲げられている場合、営業組織はその背景にある環境変化が、自社にとってどんな影響を及ぼすかを整理し、その上で営業機能として必要な方向性を「デジタルツールを活用した顧客とのリアルタイムなコミュニケーション」として捉え、具体的な行動指針を導き出します。こうしたプロセスを通じて、外部環境の変化を踏まえた営業組織の役割が明確化され、ビジョンの現実性が高まります。

③チームミッションの明確化

全社ビジョンを営業組織として、どのように受け止めるかを定義した後、チームとしてのミッションを明確化します。このプロセスでは、組織全体の方向性と、現場の活動を結びつけるメッセージを作り上げることが重要です。

例えば、「顧客の成長を支援することで、市場全体に新たな価値を提供する」というチームミッションを掲げ、具体的な行動につなげることができます。ここでは、メンバーの意見を取り入れ、現場の課題やニーズを反映することで、ミッションがより現実的で共感されやすいものとなります。

こうしたミッションの明確化により、ビジョンが実行可能な形で組織全体に浸透します。

④メンバーとの対話を通じて共感を育む

チームミッションを定めた上で、マネジャーがこうありたいという夢をメンバーに示します。

当然ですが、「お金持ちになりたい」では誰もついてきてくれません。したがって、どんな社会を実現したいのか、どんな貢献ができるかなど、メンバーがワクワクするメッセージが含まれている方が望ましいです。

これに合わせて、メンバーの実現したい夢とのすり合わせを行っていきます。メンバーのありたい姿を希求していくのも、今の時代においては大事な要素なのです。

インサイト

ビジョンは上から伝達されるものだと思っていたが、実は「現場から上がってくる意見やアイデア」を踏襲することが、実現には不可欠だったんだ！

7-3　インナーボイス

会社のビジョンは全社として展開されますが、チームビジョンは伝達されるものではなく、現場から上がってくるアイデアや意見を取り入れながら作るべきです。

その際、図7―3のように、全員でチームビジョンを実現した時の状態をできるだけ具体的に想像してもらいます。

そうすることで、ビジョンは絵空事ではなく、現実味を帯びたものとしてチームに浸透し、目標達成の後押しへとつながるのです。

ここでは、マネジャーの思いを押し付

けるのではなく、メンバーが共感できるかどうかを押さえてビジョンを浸透させていきます。一方的に伝えるだけでなく、現場の声を聞き、メンバーの価値観や目標とビジョンをすり合わせることが重要です。

例えば、ビジョンの一環として「顧客の潜在的な課題を発見し、解決に導く」ことを掲げる場合、メンバーに具体的な成功体験を共有させ、その活動がビジョンに対していかに貢献しているかを対話の中で確認します。こうしたプロセスを通じて、ビジョンがメンバー1人ひとりにとって「自分ごと」として認識されるようになります。

⑤チームビジョンの明文化

メンバーとの対話を通じて得た共感や意見を基に、チームビジョンを言語化します。ビジョンは頭の中で描くだけでは曖昧になりがちですが、言語化することで組織全体で共有可能な指針となります。

言語化にあたっては、「実現の期限」「顧客への価値提供」「ステークホルダーからの評価」「売上や利益など具体的な業績目標」の4つの要素を含めることが重要です。

例えば、「3年後、私たちは顧客のＤＸ変革を支援し、ビジネスパートナーとして必要不可欠な存在になる。結果として、200％成長を実現する」という具体的なビジョンを作ることで、メンバー全員が目指すべき方向性を明確にできます。

⑥チームビジョンの共有

明文化されたチームビジョンをメンバー全員で共有します。このステップでは、ビジョンの進捗状況や達成に向けた行動計画を可視化し、チーム全体での一貫性を持つことが求められます。

例えば、ビジョン達成に向けたKPIを設定し、進捗を定期的にフィードバックすることで、メンバーが目標に向けた具体的な行動を継続しやすくなります。さらに、成功事例を共有する場を設けることで、ビジョンの達成が現実的だと実感させ、モチベーションを高めていきます。

これら6つのステップを通じて、ビジョンは単なる妄想ではなく、現場で実行可能な行動計画としてチーム全体に浸透します。

ビジョンは外部環境を包含し、戦略や具体的な行動の上位概念として位置づけられるので、メンバー全員が共感し、一丸となって目標に向かうための基盤となります。営業マネジャーには、このプロセスを統率し、全社ビジョンと営業現場をつなぐ役割が求められるのです。

組織を変革するリーダー

できあがったビジョンは作って終わりではなく、マネジャーがメンバーに対して発信し続ける必要があります。

一度言っただけでメンバーが稲妻に打たれたように感動し、人が変ったように働き出す―映画やドラマならば良いのですが、実際はマネジャーがカリスマでもない限り不可能です。やはり何度も口にする中でメンバーの中に刷り込まれていき、ビジョンが組織の中で当たり前のものになっていくのです。

ただし、単に言い続けるだけではなく、メンバー全員の行動につながるように意識していく必要があります。なぜなら、ビジョンはメンバー全員が日々の行動で示さない限り、意味をなさないからです。マネジャーは先頭に立ち、ビジョンを言葉だけでなく、行動を通して浸透させることを意識しましょう。

インサイト

ビジョンとはチーム全体で共有することも大切だと思っていたが、実はそれ以上に「全員が自分の言葉で語れること」が本当の共有だったんだ！

本書の最後に、組織を変革するリーダーに求められる条件を紹介します。

リーダーシップについて解説した名著『リーダーシップの旅（野田智義・金井壽宏著／光文社新書）』によると、優れたリーダーには「実現したい社会の夢」を掲げた上で、次の3つのリーダーシップが備わっているといいます。

- リード・ザ・セルフ（自らをリードする）
- リード・ザ・ピープル（人々をリードする）
- リード・ザ・ソサエティ（社会をリードする）

リーダーは、まずは確固たる自分を作り「私の夢は○○です」と力強く語って、自ら行動し続けなければなりません（リード・ザ・セルフ）。

次にメンバーを先導するのではなく、フォロワーとして巻き込んでいきます。リーダーの言葉に心を動かされて、自然とフォロワーがついてくるようになります（リード・ザ・ピープル）。

そして最後に、リーダーとフォロワーの夢が一体化され、フォロワーがさらに別のフォロワーを巻き込んでいきます。こうして「実現したい社会」に向けて、より大きな夢へとつながっていきます（リード・ザ・ソサエティ）。

多くのマネジャーはビジョンの共有だけで終わってしまいますが、理想は「チーム全員がビジョンを自分の言葉で語れること」です。リーダーの言葉をただ暗記するだけでなく、各メンバーがビジョンを自分の考えとして捉え、語れるようになったとき、はじめてビジョンが本当に浸透したと言えるのです。

本書で紹介してきた7つのマネジメントモデルを構築する前提として、まずはマネジャーであるあなたがリーダーシップを発揮し、営業組織と人、ひいては社会を変革する一員として活躍されることを願いながら、筆を置かせていただきます。

「ビジョンマネジメント」のケーススタディ

「ビジョンマネジメント」についてより理解を深めるために、実際の営業現場を想定した「ケーススタディ」を掲載します。
自身の組織と置き換えて、どうすれば「ビジョンマネジメント」を実践できるのか、下記の「問題」を考えながら読み進めてください。

問題

①「ビジョンマネジメント」の面から考えて、坂本のマネジメントはどの点にあるか

②営業所を預かる場合、どんな「ビジョン」を立て、メンバーを導くか

登場人物

・勝海（医療機器メーカーの営業統括部長）

・坂本（南関東営業所のマネジャー）

・長岡（南関東営業所のトップセールス）

・陸奥（南関東営業所の中堅）

・菅野（南関東営業所の若手セールス）

・山内（南関東営業所の最年長メンバー）

シチュエーション

①訪問件数が減っている部下

「菅野さん、ちょっと時間いいかな？　少し話がしたいんだけれど……」

営業所のミーティングが終了し、マネジャーの坂本は営業所メンバーの菅野に声をかけた。菅野は、「はい、何でしょうか？」と怪訝そうな表情を浮かべている。その菅野に対し、坂本は「これなんだけれど」と手で指し示し、菅野の活動報告書のデータを見せた。

「ここ最近、A大学病院への訪問が随分と少ないようだね。あそこは、うちの営業所にとって重要な重点病院の1つだ。最近、他社が新製品の売り込みで攻勢を仕掛けているし、シェアを奪われたら困る。菅野さんには訪問頻度を上げてもらいたい」

渋い口調の坂本を前に、菅野はわずかに顔を曇らせ言葉を返した。

「はい。ですが、期初のミーティングで坂本さんがおっしゃったとおり、今は新規獲得を重点的に行っています。これまで回れていなかった病院を中心に訪問活動を行っているので、ドクターとの信頼が築けている病院は少し訪問数を減らしているんです……」

「うーん、ただ数字に影響するのは避けてもらいたい。重点病院もしっかり死守してもらわないと困るよ。菅野さんの今月の数字を見ても、目標達成はギリギリで、未達もあり得る状況だ。今の営業活動だと、目標に届かないのではないかと思うんだけど」

「はあ……はい。ただ私としては、今は訪問の比重を変えて、関係性が築けていなかった病院とのパイプを作っておく方が良いと考えているのですが……」

「もちろん、それも新規獲得のためには重要だ。だからといって、数字未達では困るよ。シェアの高い重点施設への訪問を減らすのは、売上を守る意味でも得策とは言えない」

「はい……ですが、期初の坂本さんのお話では、今期は新規獲得を重点的にやっていくということでしたし、それに基づく行動計画を提出した際もＯＫをいただいたと思うのですが……」

坂本の言葉を聞いて、菅野は明らかに困惑の色を深めていた。

②上層部からのコメント

新年度がスタートするにあたり、坂本は営業統括部長の勝海から、長らく横ばいだった業績が坂本の赴任後にじり貧に転じている状況を指摘され、営業所の運営を見直すように言われていた。

「この営業所は大学病院が複数集まっているエリアで、営業活動をする上で恵まれているはずです。東京圏を除けば、自社製品拡大のポテンシャルは他のエリアと比べても高い。それなのに、全11営業所の中で、下から数えて3番目の業績というのはどういうこと？原因はメンバーたちの営業活動のやり方に問題があるか、営業所運営のどこかに問題があるのではないですか？　坂本さんは、そもそも自分の組織をどうしていきたいのか、どうメンバーを引っ張っていこうとしているの？」

部長から言われたことは的を射ていた。自分がマネジャーになって以降、業績が上向かないどころか、逆に下がり始めているのも事実であった。

だが、営業所のメンバーをどう引っ張っていくのかと問われても、メンバー個々の活動を見守り、部下たちが目標を達成できるよう導いていくことが自分の役割としか答えられない。自分の組織をどうしていきたいのか、明確な思いは浮かばなかった。

しかし部長からは、間違いなく自身のマネジメントに問題があると指摘されている。こうして坂本は、期を始めるにあたっての全体ミーティングに臨んだのであった。

③メンバーからの不満

期初のミーティングでは、反省を踏まえて自分なりに考えた今期の方針について、次の2点をメンバーたちに伝えた。

1つは「新規獲得に注力すること」、もう1つは「マネジャーとして、メンバーの活動をこれまで以上に把握できるよう、個別ミーティングの場を増やしていくこと」であった。

この2点を念頭に、各自が目標と行動計画を立て、早急に提出するよう指示を出した。

メンバーは誰も口を開かず、坂本が話し終わったあとも、場は無言のままだった。しばらくして、ようやく口を開いたのは入社8年目の陸奥だった。

「坂本さん、新規開拓を重点的にするというのはともかく、個別ミーティングの場を増やすというのは、その分、営業活動のための時間をとられることになり、かえって業績に影響しかねないと思います。新規獲得のために動くとなると、さらに活動時間が必要になるので、個別ミーティングを増やすというのは必要でしょうか？」

呼応するように最年長の山内が続けた。

「坂本さんも十分わかっていると思いますが、我々の仕事は製品情報を伝えることだけではありません。機器の適正使用を覚えてもらうトレーニングの実施、院内説明会や手術の立ち会い、学会の参加やセミナー開催などたくさんあります。はっきり言って、新規開拓に充てる時間もないぐらいですよ。その上、面談を増やすと言われると……」

坂本は「言いたいことはわかるけれど」と不満顔の2人を制して、

「マネジャーとして、みんなの現状を把握しておくことは必要だ。この営業所を社内上位の業績を誇る組織にするのは、私の大きな役割でもある。そのためには、チームのことをもっとよく知るのが大事だし、新しい提供先も増やしていかなくてはいけない。営業所を改革しない限り、我々の組織は沈んでいく一方になってしまう」と口調を強めた。

また沈黙が広がる。今度の沈黙を破ったのはトップセールスの長岡だった。

「営業所の改革ですか。坂本マネジャーとしては、この組織をどのようにしていきたいと考えていらっしゃるのですか？」

勝海部長からの問いかけと同じことを長岡が口にする。

坂本はすぐには答えられなかった。「それは……」と口ごもってから、「先ほども言ったように、この組織を社内上位の業績を誇る営業所にしていくことだ」と返すしか術はなかったのだった。

「ビジョンマネジメント」におけるマネジャー坂本の問題点

①目先の数字にとらわれてメッセージに一貫性がない

菅野とのやりとりから明らかですが、坂本の発言には一貫性がありません。

期初は、「新規獲得に重点的に活動をシフトしてほしい」とメンバーに伝えておきながら、菅野の現状を見て「重点病院は訪問頻度を上げてほしい」と発言内容を変えています。

菅野は坂本の方針通り、新規獲得に向けて自分なりに活動し、さらには「多少時間と労力はかかっても、長い目で見て営業部の業績につながる大切な活動」とも考えています。

一方、坂本の視点は今期の数字と営業部の業績に向けられています。それがメッセージのブレにつながっていることは明らかでしょう。

さらに言えば、坂本が目先の数字に振り回されている背景には、「自分はこの営業所をこういうチームにしていきたい」というマネジャーとしての強い思いがなく、理想となる未来の姿が描けていないところにあります。

目指すべき姿が明確でなければ、進むべき道も定まらず、メンバーに対して方向性を示すこともできません。その結果、メンバーは迷走してしまうことになるのです。

②自ら「こうしたい」という強い意志がない

坂本の言動から伝わるのは、「営業所の数字」のことだけで、マネジメントに関しては何も考えていないという点です。

勝海部長の指摘に「そうは言われても」と思うだけ、「営業所をどうしていきたいのか」とメンバーから問われても、自分の言葉で「こうしていきたい」を語ることができていません。さらに長岡からの問いかけには、勝海部長に言われた言葉をそのままスライドさせて口にしています。

さらに言うならば、「この組織を社内上位の業績を誇る営業所にしていきたい」はビジョンではなく、単なる「目標」です。

このように、営業活動が数字につながらない要因は、現在の坂本のマネジメントがすべて行き当たりばったりになっているからです。その最たる原因は、坂本自身が自分の言葉で語れる、熱い想いに裏打ちされたビジョンを作り上げていない点から来ているのです。

まとめ

・ビジョンマネジメントとは、「上位組織の方向性を受けて担当する市場のニーズに応え、自チームのありたい姿を、志を込めて明確に描いたチームビジョンを一丸となって目指す手法」のこと

・「自分たちが今やっていることは、将来の何につながり、どんな経験やスキルを得られるのか」をマネジャー自身がビジョンとして掲げることで、メンバーの心を１つにできるようになる

・ビジョンとはチーム全体で共有することは大事だが、それ以上に「全員が自分の言葉で語れること」の方がより大切

おわりに

最後まで本書をお読みいただき、誠にありがとうございます。

営業とは、新しい価値を生み出す、とても意義深い仕事です。

私たちが掲げている〝企業と企業・人と人をつなぐ営業が、人と組織の豊かさを変える〟というテーマは、営業の本質そのものです。これが少しでも皆さんの営業活動やマネジメントのヒントになれば、とても嬉しいです。

ところが最近、営業職の人気が下がっていると言われることもあります。特に若い人たちからの人気が薄くなっている傾向があります。

その理由として、営業の仕事が厳しいノルマや精神的な負担といったネガティブなイメージを持たれやすいことが挙げられます。さらに、デジタル技術の進化により、人と人との直接的なコミュニケーションが減り、営業の魅力を感じる機会が減っていることも影響しているようです。

たしかに、昔ながらの営業スタイルでは魅力は薄いと思います。しかし、営業は本質的には魅力が詰まっている職業です。

特にＢｔｏＢ営業では、製品やサービスを売るだけでなく、課題解決や信頼関係の構築が非常に重要です。だからこそ、優秀な営業チームを持つ企業は本当に強いのです。たとえ製品やサービス、ビジネスモデルまでもがコモディティ化されたとしても、営業が築いた信頼は長期的な売上基盤となっていくのです。

私自身、営業に携わることになったきっかけは、大学卒業後に「タダで海外に行ける」という不純な動機で旅行会社に就職したことでした。

当時は営業がどんな仕事なのか全く分からないまま、法人営業として飛び込みを毎日繰り返していました。海外添乗を果たすためには新規顧客を自ら開拓しなければならず、辛い日々もありましたが、その経験を通じて営業の基礎と楽しさを学びました。

そして、前職の富士ゼロックス総合教育研究所（現パーソル総合研究所）では、米国仕込みのセールスサイエンスメソッドを学び、営業は科学であることを知りました。その後、たくさんの人・組織とのご縁を重ねてきて、「営業の人と組織」に関わる仕事が自分の天命だと確信を持つようになりました。これらから培った経験が、今の私を支えていると実感しています。

私は、これからの時代の営業はさらに重要な役割を担っていくと思っています。それは企業の経営課題として、「新規顧客・販路の開拓」「営業組織と人材の強化」は毎年ランキングの上位を占めていることからも見て取れます。

システムエンジニアやデータアナリストといった専門職も今後ますます重宝されますが、営業はそれらを超える「ゼネラリストの王様」としての存在感を増していかなければなりません。営業は単なる仲介役ではなく、企業戦略の一端を担い、顧客との長期的な関係を築く役割が求められるからです。

そのためには、営業もプロフェッショナルであることが必要です。専門知識や幅広いスキル、そして顧客視点に立った事業課題への提案力を持つことで、営業職の価値はさらに高まります。

営業を取り巻く環境はこれからも変化していきます。デジタル技術の進化やお客様の価値観の多様化により、営業活動のあり方はますます進化が求められるでしょう。

しかし、どのような時代でも、お客様と企業をつなぐ営業の役割は普遍的に求められ、その重要性はむしろ高まっていくと言えるでしょう。そんな営業組織を創り上げて常勝のチームにしていくマネジャーやリーダーの存在がますます重要になり、本書が読者の皆さんの新たな挑戦のきっかけとなれば、これ以上の喜びはありません。

最後に、この本の出版に際して、多くの方々のご協力をいただきました。出版という初の経験にあたり、たくさんの無理を聞いていただいたクロスメディアグループの皆さま、日々「日本の営業を元気」にしようと共に切磋琢磨しているシェルパワークスの仲間たち、そして、社会人になってから営業の喜びを私に与えてくれたお客様と諸先輩方。最後に、無理して起業した私をそばで支えてくれた家族に心から感謝します。

それでは、またどこかでお会いしましょう。本当にありがとうございました！

『セールスマネジメントモデル』購入者特典のご案内

本書をご購入いただきまして、誠にありがとうございます。著者より、購入者特典として、入力するだけで自チームの「勝利の方程式」が完成する、「プロセスマネジメントのテンプレート」をプレゼントします。詳細はQRコードからご確認ください。

読者特典は下記URLよりダウンロードしてください。

https://sherpaworks.jp/introduction/

※特典は予告なく内容を変更、終了することがあります

[著者略歴]
米倉 達哉（よねくら・たつや）

シェルパワークス株式会社代表取締役社長
1970年1月31日生まれ。兵庫県伊丹市出身。大学卒業後、海外添乗をするために大手旅行会社に入社。法人営業として企業と官公庁を担当し、営業の基本を叩き込まれる。その傍ら、サッカー観戦ツアーなども企画し、7年間で海外50都市以上を添乗。2000年に営業力強化支援をするために富士ゼロックス総合教育研究所（現パーソル総合研究所）に入社。米国流セールスサイエンスメソッドを活用して、営業の戦略実行コンサルティングを展開。2016年に日本の営業を元気にするためにシェルパワークス株式会社を設立し、代表取締役に就任。これまでに300を超える営業変革プロジェクトを牽引。

セールスマネジメントモデル

2025年3月1日　初版発行

著　者　　米倉 達哉

発行者　　小早川幸一郎

発　行　　株式会社クロスメディア・パブリッシング
〒151-0051 東京都渋谷区千駄ヶ谷4-20-3 東栄神宮外苑ビル
https://www.cm-publishing.co.jp
◎本の内容に関するお問い合わせ先：TEL（03）5413-3140／FAX（03）5413-3141

発　売　　株式会社インプレス
〒101-0051 東京都千代田区神田神保町一丁目105番地
◎乱丁本・落丁本などのお問い合わせ先：FAX（03）6837-5023
service@impress.co.jp
※古書店で購入されたものについてはお取り替えできません

印刷・製本　　株式会社シナノ

　ISBN978-4-295-41070-6　C2034